U0584342

职业学校校本数据中心建设指南

孙 宾 著

吉林科学技术出版社

图书在版编目（CIP）数据

职业学校校本数据中心建设指南 / 孙宾著 . -- 长春：
吉林科学技术出版社，2022.8

ISBN 978-7-5578-9947-9

Ⅰ．①职… Ⅱ．①孙… Ⅲ．①中等专业学校—信息化
建设—研究—广西 Ⅳ．① G718.3-39

中国版本图书馆 CIP 数据核字（2022）第 206761 号

职业学校校本数据中心建设指南

著	孙　宾
出 版 人	宛　霞
责任编辑	赵海娇
封面设计	树人教育
制　版	树人教育
幅面尺寸	185mm×260mm
字　数	290 千字
印　张	13.5
印　数	1–1500 册
版　次	2022年8月第1版
印　次	2023年4月第1次印刷

出　版	吉林科学技术出版社
发　行	吉林科学技术出版社
地　址	长春市福祉大路5788号
邮　编	130118
发行部电话/传真	0431-81629529 81629530 81629531
	81629532 81629533 81629534
储运部电话	0431-86059116
编辑部电话	0431-81629518
印　刷	三河市嵩川印刷有限公司

书　号	ISBN 978-7-5578-9947-9
定　价	100.00 元

版权所有　翻印必究　举报电话：0431-81629508

前　言

　　《国家职业教育改革实施方案》强调要"以学习者的职业道德、技术技能水平和就业质量，以及产教融合、校企合作水平为核心，建立职业教育质量评价体系"。《教育部关于建立职业院校教学工作诊断与改进制度的通知》要求"职业院校要充分利用信息技术，建立校本人才培养工作状态数据管理系统，及时掌握和分析人才培养工作状况"。高职院校构建人才培养质量保证体系，推进内部质量保证体系建设，离不开信息技术尤其是大数据技术的运用。但是，高职院校在信息化支撑质量管理尤其是构建校本大数据过程中仍存在诸多问题。

　　通过了解高职院校信息化建设的发展现状、分析校本数据平台建设的意义，并尝试对校本数据平台的建设思路进行研究和探索，为高职院校校本数据平台建设提供理论参考。而高职院校的办学决策、教育质量、教学评估、人才评定等各项指标的界定都将依据事实与数据来进行考量，这就需要高职院校的数据必须准确、及时、全面，能动态地说明人才培养状况，进而加强内部质量诊断与改进，做出科学的研判，实现办学有效管控。由此可见，高职院校数据中心在今后的办学过程中承担着重要的辅助决策作用，其多维度、全方位、全覆盖的数据中心建设势在必行，这必将引领高等职业教育改革走向新的发展阶段。

目 录

第一章　绪论

第一节　现状分析

一、新时代教育管理信息化的战略要求

据教育部网站消息，为有效地解决系统整合不足、数据共享不畅、服务体验不佳、设施重复建设等突出问题，教育部印发了《关于加强新时代教育管理信息化工作的通知》（以下简称《通知》）。《通知》要求加强教育管理信息化统筹协调，优化信息系统供给模式，提高教育数据管理水平，促进管理服务流程再造，提高基础设施支撑能力，以信息化支撑教育治理体系和治理能力现代化。

《通知》指出，要利用新一代信息技术提升教育管理数字化、网络化、智能化水平，推动教育决策由经验驱动向数据驱动转变、教育管理由单向管理向协同治理转变、教育服务由被动响应向主动服务转变。到 2025 年，基本形成新时代教育管理信息化制度体系，信息系统实现优化整合，一体化水平大幅提升，数据孤岛得以打通，多元参与的应用生态基本建立，教育决策科学化、管理精准化、服务个性化水平全面提升。

《通知》强调，要加强教育管理信息化组织领导，构建教育管理信息化分工机制，完善教育管理信息化制度体系；加强信息系统规范管理，推进信息系统深度整合，促进应用服务创新发展；加强教育数据规范管理，促进教育数据开放共享，强化教育数据质量保障，提升教育数据管理效能；促进教育行政办公数字化，实现教育管理服务"一网通办"，推进教育督导和监管信息化；加强网络环境建设，规范数据中心建设，构建数字认证体系，提升安全保障能力。

《通知》明确，要打造技术精湛、结构合理、精简高效的专业队伍，培养和吸引更多优秀人才，鼓励通过购买社会服务、实行岗位交流、健全产学融合等方式引入外部资源。

党的十九大标志着我国已进入了一个新时代，我国教育制度创新和体制改革将进入

一个全新的深水区。党和国家部署在 2035 年前加快信息化时代教育变革，其长远意义在于创新教育服务业态、推进教育治理方式变革。以《中国教育现代化 2035》为旗帜，遵循推进教育现代化的八大基本理念，以教育信息化作为创新办学、培养人才的征程中披荆斩棘的利器，培养和输出大量高质量的应用型高层次人才，为社会经济发展服务。

二、新时代教育信息化的重要地位

自 1978 年教育部批复建立中央电教馆，中国的教育开始了信息化征程。2010 年 7 月国务院颁布的《国家中长期教育改革和发展规划纲要（2010—2020 年）》中，将"加快教育信息化进程"作为六大保障措施之一专列一章，并明确指出，教育信息化是推进教育改革与发展的战略制高点，信息技术对教育发展具有革命性影响。

2019 年国家颁布的《中国教育现代化 2035》，作为目前我国教育发展的纲要性文件，为新时代我国各级各类教育的发展提出了整体目标和要求，提出了推进教育现代化的八大基本理念，并重点部署了面向教育现代化的十大战略任务。目前，全国各省、自治区、直辖市都陆续出台了本地区的教育现代化规划和本区域推进教育现代化的政策措施，河南省也于 2018 年年底启动了规划和实施方案的编制工作。

2018 年 4 月教育部颁布的《教育信息化 2.0 行动计划》指出，教育信息化已经步入以创新为标志的 2.0 时代，教育信息化从 1.0 升级转型到 2.0，就要以教育信息化全面推动教育现代化，开启智能时代教育的新征程。落实 2.0 行动计划要以紧紧抓住新时代的教育变革趋势并注重"互联网＋教育"的理论创新为发展核心，以立足"互联网＋"时代的教育服务新模式作为基础模式，采用新型信息技术（人工智能、教育大数据等）与教育教学进行深度融合与创新应用，最终实现根本目标，即培育新时代具有创新创造能力的引领性人才，最终服务于社会主义现代化强国的建设。

三、适应高等教育信息化、智能化的趋势

随着互联网技术的不断发展，我国已经逐渐迈入信息化发展进程中，"互联网＋"时代的到来使得当今社会形态发生了巨大改变。"互联网＋"时代给高等教育带来的机遇和挑战是并存的，如何把握好这一契机推动我国教育事业创新发展是一项具有研究价值的课题。在互联网技术的影响下，我国高等教育在教学模式、教育管理方式等方面已经兴起变革，人才培养目标和培养方式也逐渐朝着多元化和个性化的方向发展，高等教育教学能力得到提升是一方面；另一方面是促进我国教育教学形态的改变，这也是近年来我国教育事业的又一次突破。"互联网＋"时代下，高等教育需要树立全新的发展方向，不断探索科学有效的途径实现教育教学的创新发展。

（一）知识表现数字化

现如今，互联网技术在我国的教育教学中已经得到应用，无论是教学资源、教育信息的收集存储还是日常应用，其数字化的特点已经逐渐凸显。教育教学发展到现在已经历经了一个漫长的进程，教学内容已经由最开始的肢体动作逐渐转变为语言、文字，发展到现在已经完全演变为信息和知识。互联网技术使得当今高等教育教学中知识的表现方式更加多种多样，打破了以往人们对知识收集处理的认知，通过互联网技术能够实现知识的实时收集、整合、处理、转化，实现将文本内容转变为音频、视频、图片等方式，同样也能够完成逆转化的过程，将知识安全储存起来。结合实践可以发现，人们当今获取知识、表达知识的形式也发生了巨大改变，以往人们需要通过面授或翻阅书籍等方式来学习知识，现在可以利用互联网技术在手机、电脑上查阅和学习更丰富的知识内容，互相交流学习经验和心得体会，不仅能够掌握基本知识内容，学习的便捷性和效率也更高，这也成为我国高等教育数字化发展的巨大推力。

高等教育教学中最具数字化发展象征的则是图书馆的设计和建设，互联网技术在高等教育体系中的应用价值越来越难以忽视，数字图书馆、电子图书馆的建设理念逐渐得到社会各界的认可，大数据、云计算等先进科学技术的加入使得知识表现方式和获取方式的数字化发展更具优势。在这种背景下，我国已经有很多高校陆续投入数字化图书馆的设计和建设中，为推动教育改革开始新的尝试和探索。数字化图书馆的实用价值主要体现在以下几个方面：首先，数字化图书馆储存知识更加快捷和安全，以文本储存知识经常会出现信息丢失、损毁等情况，而数字化图书馆则能很好地改善这种现象；其次，学生能够利用手机、电脑等随时随地查阅资料、获取知识，打破以往收集资料在空间和时间上的限制；再次，数字化图书馆具有跨库检索的功能，学生可以通过跨库搜索到更丰富的知识；最后，数字化图书馆体现出更强的系统性，系统设置更加人性化，通过手机、计算机进行收集、下载、共享、网络连接等一系列过程，进而真正地实现数字化的信息处理目标。在高等教育教学实践中，教师和学生可以随时调用数字化图书馆内的资源，提升教育教学的完整性和多样性，对促进我国高等教育教学水平的提升具有重要意义，而我国高校也需把握这一契机推动教育的创新发展。

（二）管理方式智能化

在信息化社会背景下，各种先进科学技术的应用都为高等教学的信息化建设提供了较大便利，高校教育教学管理的智能化发展已经是大势所趋。随着我国教育事业的不断深入，国家越来越重视培养高素质、高技能人才，我国高校的数量和规模也正与日俱增，同时高校的管理难度也在不断加大。数量庞大的教育职工、学生在校园活动中会产生大量的数据信息，比如教学课件、学籍管理、课堂作业、实验数据等等，想要保证高校流畅稳定的运行，则需要确保以上这些内容安排和处理的科学性，而互联网技术的优势则在这项工作中充分体现出来。通过互联网技术来整合和处理高校管理和教育教学中产生的数据，对提升高校的业务水平和管理水平有所帮助，这也成为高校发展智能化的主要影响因素。

利用网络技术和计算机来实施智能化管理，具有能够比拟人脑的智能水平，实现规范性和高效性的管理效果，符合当今时代的发展趋势。在"互联网+"时代背景下，高校需要勇于尝试这种全新的管理方式，开展系统性的教务管理工作，进而提升学校的整体业务水平和管理水平。学校可以建立统一的交流平台，学生和教育职工能够随时在平台上进行交流，对于教育教学或者教务管理中存在的问题可以提出自己的观点和建议，同时利用先进的互联网技术对这些数据进行采集和整理，为相关管理人员提供便利和帮助，从而更好地优化学校中的各项资源，提升教育教学资源的利用率。

（三）课堂教学网络化

就目前来看，我国高校课堂教学正在逐渐脱离传统教学观念和教学模式的束缚，网络化和现代化发展意味越来越明显。微课、多媒体设备等先进教学用具的出现和应用都为推动我国高等教育的创新发展提供了巨大助力，使得当今课堂教学结构、教学目标和教学方式发生巨变，而如何应用信息技术创建自主高效的教学课堂则成为广大教师需要深入思考和探索的重要课题。互联网技术不仅作用于教育教学中，对各个行业领域的生产建设同样带来或积极或消极的影响，"互联网+"时代人们的生活方式和生活理念也有所改变，尤其是当今的青年一代，获取知识更习惯借助于先进的网络技术，逐渐丧失了对传统教育教学活动应有的包容和耐心。受这种因素影响，构建网络化的教学课堂似乎已经成为符合时代发展特征的唯一途径，而教师也需要积极应用这种方式开展教学实践，为学生提供更多也更新颖的学习素材，引导学生投入高效自主的学习中，提升学习质量。

（四）人才培养个性化

随着素质教育在我国教育教学中的普及和落实，个性化的人才培养目标逐渐受到人们的关注和重视，根据学生身的心发展规律开展教育教学也成为一项重要的教学任务。在互联网技术的影响下，学生的个性化学习和发展则有了更可靠的保障。高校可以利用信息技术制定科学完善的人才培养方案，为学生打造一个广阔的个性化发展的平台，满足每一名学生个性化的发展需求。首先，从学生进入校园开始，学校根据学生个人提交的相关资料对学生个人特点、成长情况进行分析，教师在教学过程中也需要及时关注学生的发展动向，方便及时获知学生身心发育进程中面临的问题，从而给予学生科学正确的指导，实现"以人为本"的教学目标。其次，高校需要为学生的个性化发展提供丰富的学习资源，这样一来，学生就能够根据自身的爱好和职业规划方向选择相应的教学课程，确保个性化人才培养的真正落实。最后，需要在学生实习阶段为其提供多样化的选择，保障学生能够更好地适应社会发展形势，满足国家对人才的需求。

（五）教学组织分散化

互联网技术的应用使得如今高等教育教学组织分散化现象愈加明显，由单一的课堂教学模式逐渐发展为当今的家庭教育、社会教学以及家校联合，为学生的学习和终身发展提供更周全和完整的教育服务。在"互联网+"时代背景下，师生之间的沟通效率和沟通质量得到保障，网络教学的推行使得教师和学生在教学课堂上的主体地位发生改变，学生的主体地位逐渐得到体现，教师则成为课堂教学中的组织者和引导者，致使当今的教学形态呈现出多元化的发展特征。在实践教学中，教师和学生可以通过互联网技术进行实时互动，相比于传统教学来说，不仅成本较低，教学活动也更具灵活性和便捷性，能够为学生提供良好的教学帮助。

（六）文化建设智慧化

校园的文化建设对学生学习效果和个人素质发展具有直接的影响，良好的文化氛围能够熏陶学生的文化内涵，对促进学生的全面发展起到关键作用。随着社会的不断发展，打造富有智慧化和信息化的校园文化已经成为高校校园建设中的一项基础工作，网络学习、网络科研、校园管理、校园活动等都是校园文化建设智慧化的真实体现。信息技术的高速发展为高校文化落实智慧化的文化建设提供了便利的条件，很多高校都已经实现无线网的全面覆盖，学校可以利用信息技术收集校园内的全部信息，通过对这些信息进行分析、处理和传递，满足学生学习和生活上的需求，我国高校需要充分重视互联网技术在校园文化智慧化建设中的应用价值，勇于引进先进的技术手段和设备投入校园文化建设中，营造一种良好的校园氛围，从而让学生产生一种深深的归属感和依赖感，引导学生积极主动地投入校园建设和校园秩序维护的活动中，同时也能够为学生的个性化发展提供人性化教学服务，推动我国教育事业的良性发展。

综上所述，"互联网+"时代为我国高等教育创新发展提供良好前提条件，而在互联网技术的影响下，教育教学创新也成为一种必然趋势。我国高校需要科学合理利用互联网技术规划清晰的发展方向，并以此为目标推动我国高等教育的创新发展。

四、高职教育信息化发展的必然

目前，人工智能正进入技术创新和大规模应用的高潮期、智能企业的开创期、智能产业的形成期，AI技术正在为千行百业赋能，标志着人类正在进入智能化时代。

（一）智能化是科技与生产力发展的必然趋势

智能化时代的到来是科技与生产力的发展规律使然。进入工业社会以来，科技与生产力的发展经历了四个阶段：机械化→电气化→自动化→信息化，目前正在加速踏入智能化阶段。机械化和电气化利用蒸汽机、电动机等驱动机械替代人的体能进行劳作，为人类创造了"力大无穷、永不疲倦"的动力工具；自动化和信息化利用传感技术、控制技术、计算机和通信技术为人类创造了"耳聪目明、自动又听话"的工具。科技与生产力已经按照自身的发展规律来到了让机器能够按照给定的知识和规则自主做出决策并自动执行决策的智能化阶段。智能化是信息化的高级阶段，智能化创造的智能工具将具有人类智能的特点：会学习、会思考、会灵活地处理信息、会自主正确决策。

进入现代信息社会后，有了计算机、通信技术和互联网等强大的现代信息技术和工具，使得信息的获取和传输方面取得长足的进步，极大地提升了人类的信息收发能力。然而，互联网能够快速提供大量远程信息，却不能对海量信息进行去粗取精、去伪存真；现代计算机能够高速处理大量数据，却难以举一反三、融会贯通地综合利用处理结果。因此，在信息处理和利用方面，现代信息技术还远远达不到人的能力。

工具在替人进行劳作时，其能力有不同的层次：仅能模拟人的动作、扩展人的体能的工具主要是能源驱动的工具；能根据所采集的信息自动执行事先设计好的程序的工具是自动工具；只有能按照给定的知识和规则自主做出决策并执行决策的工具才是智能工具。智能工具因能源驱动技术而"四肢发达"，因信息技术而"耳聪目明"，更重要的是因人工智能（Artificial Intelligence，简称 AI）技术的应用而赋（予智）能，从而具有类人的学习、思考、自主决策等能力。

在信息化充分发展的高级阶段，必须研究和开发具有人类智能特点的智能工具，使其能够以类脑风格处理信息、提炼规律和调度知识，帮助人类分担一部分信息处理的脑力劳动。对于教育来说，教育信息化发展的高级阶段就是教育智能化，这是教育信息化发展的必然趋势。

（二）高职教育智能决策、精准施策的必然需求

教育评价改革是新时代职业教育改革的重要"突破口"，对于优化职业教育类型定位、增强职业教育适应性等具有重要的现实意义。在深入分析《深化新时代教育评价改革总体方案》等文件在深化职业教育评价改革新要求的基础上，提出通过主体自治、行业自律、政府监管、社会监督等举措构建具有类型特色的职业教育评价体系，从评价主体多元化、评价标准特色化、评价手段现代化和评价导向科学化等方面明确了职业教育评价改革成效的判断表征，对新时代深化职业教育评价改革具有一定的指导意义。

职业教育评价是与职业教育目的和人才培养目标高度相关的活动，实质是对办学方向和目标达成度的一种判断、检验和测量。加快构建现代职业教育体系，需要正确认识和准确把握深化职业教育评价改革的重要性、可行性及目标指向，探索符合中国职业教育发展规律、引导职业院校服务国家战略和区域经济发展的教育评价改革实施

路径和成效表征，推动构建具有类型特色的职业教育评价体系，引领职业教育改革发展沿着正确方向行稳致远。

（三）新时代深化职业教育评价改革的现实意义

教育评价改革是新时代深化职业教育改革的重要"突破口"，对于优化职业教育类型定位、增强职业教育适应性、推进职业教育治理体系和治理能力现代化、破解职业教育评价难题具有重要的现实意义。

1. 优化职业教育类型定位、促进高质量发展的重要举措

"职业教育与普通教育是两种不同的教育类型"，2021 年全国职业教育大会上，习近平总书记强调，"优化职业教育类型定位"。不同的教育类型需要不同的评价体系，即使普通教育评价这把尺子足够精准，我们也不能将其作为职业教育的"度量"，否则就会变成普通教育评价体系的"缩水版"，陷入"张冠李戴"的尴尬境地。"十四五"时期，职业教育的高质量发展有了更清晰的时间表和路线图，充分发挥职业教育评价"一子落而全盘活"的功用，在政府履职评价、学校评价、教师评价、学生评价等方面彰显类型教育的特征，不断改进和完善评价制度，是建立具有职业教育特色的质量评价和保障体系、促进职业教育高质量发展的关键。

2. 增强职业教育适应性、办好人民满意教育的有效手段

目前我国已建成世界上规模最大的职业教育体系，但仍然存在与我国社会经济和产业结构发展不相适应、与人民群众多层次多样化教育需求不相匹配的情况，成为职业教育社会认可度不高、吸引力不强、行业企业支持力度小的重要原因。国家"十四五"规划明确，"增强职业技术教育适应性"。职业教育评价事关职业教育的发展方向和办学导向，增强职业教育适应性，就要紧紧抓住评价改革这根牵引线，打破传统观念和制度阻碍，以评价促进职业教育"长入"经济、"汇入"生活、"融入"文化、"渗入"人心、"进入"议程，推动职业教育适应新一轮科技革命和产业变革对高素质劳动者和技术技能人才的需求，让职业教育的学生都能从"有学上"到"上好学"，为"人人皆可成才、人人尽展其才"进一步创造条件。

3. 推进职业教育治理体系和治理能力现代化的必然选择

国家治理体系和治理能力现代化是党和国家在政治制度、行政制度、司法制度等领域深化改革的重要体现。"职业教育治理体系和治理能力现代化"是"国家治理体系和治理能力现代化"总目标在职业教育领域的延伸，是我国职业教育改革和发展亟待探讨和解决的关键问题。作为职业教育治理的重要内容，职业教育评价是职业教育改革发展的风向标和指挥棒，关系着育人方式、办学模式、管理体制、保障机制诸方面的改革，关系着政府如何管职业教育、学校如何办职业教育的重大问题。因此，必须

抓好深化职业教育评价改革这一"牛鼻子",将职业教育的制度优势更好地转化为职业教育治理的效能,大力推进职业教育治理体系和治理能力现代化。

4. 破解职业教育评价难题、扭转不科学评价导向的迫切需要

在我国,职业教育评价一直扮演着工具化的管理手段角色,为教育活动和教育对象提供各类符号性、参照性的价值判断与事实判断,指挥着教育活动按照预设的教育目标进行正向改进和正向发展。然而,现实中职业教育评价仍然存在一些不容忽视的问题。比如,评价导向存在"五唯"倾向。近年来,一些中职学校为了向高职学校输送更多学生,走向"唯升学""唯分数"的误区。又如,评价主体相对单一,具有"行政化"倾向。职业教育评价虽然开始引入多元的评价主体,然而,学校、教师、学生、行业企业在评价中话语权仍然较低。再如,评价指标体系不健全。特别是高职教育的评价指标体系较多地借鉴了普通高等学校本科教学工作水平评估指标体系的框架和精神。这一系列问题,需要进一步深化职业教育评价改革,破解职业教育评价难题,扭转不科学的评价导向,用好评价这个"指挥棒"。

(四)新时代深化职业教育评价改革的政策要求

《深化新时代教育评价改革总体方案》为职业教育评价改革做出了全面部署,《国家职业教育改革实施方案》《职业教育提质培优行动计划(2020—2023年)》等也对职业教育评价改革提出了新要求。因此,新时代职业教育评价改革应立足类型特色,明确内容要求,着力完善政府履职评价、学校评价、教师评价、学生评价和用人评价。

1. 政府履职评价:注重科学有效

政府不仅是职业教育办学的重要参与者,还是职业教育改革与发展的重要推动者。政府履职评价直接关涉职业教育改革与发展的方向性问题,必须注重科学有效。

所谓科学,就是要坚持正确的理念。政府要牢固树立科学发展理念,坚决克服短视行为、功利化倾向,理顺职业教育体制机制,明确定位权责利,加大制度创新、政策供给和投入力度,着力完善职业教育高质量发展的制度环境。同时,政府要坚持正确的政绩观,明确职业教育面向市场、服务发展、促进就业的办学方向,不以追求升学率为导向,保持职普比大体相当,巩固中职基础地位,夯实技术技能人才发展根基,服务国家技能型社会建设。

所谓有效,就是要建立有效的职业教育质量评价和督导评估制度。从评价主体来看,国家层面应建立全面的、常规性的职业教育督导制度,加强职业教育督导机构建设,强化职业教育督导整改、问责和激励功能,推动各级政府切实履行职业教育责任。从评价内容来看,设计评价指标时应重点考核政府落实职业教育发展战略、解决稳就业保民生等情况,同时坚持结果性评价和过程性评价相统一,既要评估最终结果,也要考核努力程度及进步发展。

2. 学校评价：彰显类型特征

职业学校是职业教育的办学主体，也是职业教育服务地方经济社会和行业发展需求的主力军。职业教育是一种类型教育，亟须摆脱普通教育评价的路径依赖，建立体现类型特征的学校评价，引导职业学校明确办学定位、增强服务地方和行业能力、提升办学资源保障条件、强化实践教学能力等。

首先，落实立德树人根本任务。把立德树人成效作为职业学校评价的根本标准，积极构建"思政课程＋课程思政"大格局，推进全员全过程全方位"三全育人"，弘扬培育"劳模精神"和"工匠精神"，实现思想政治教育与技术技能培养的有机统一，将职业精神养成教育贯穿学生学习全过程，促进学生素质全面发展。

其次，健全学校内部质量保证制度。职业院校教学工作诊断与改进制度是职业教育评价特有的创新性制度，推动职业院校履行人才培养质量主体责任，建立常态化的自主保证人才培养质量的机制。职业学校通过建立健全常态化教学工作诊断与改进制度，推动过去粗放、浅层评价向精准、细化评价转变，同时以分类管理推进职业学校精准定位和特色发展。

最后，完善职业学校评价内容。职业学校评价要将服务人的全面发展、服务经济社会发展作为根本出发点，重点评价德技并修、产教融合、校企合作、育训结合、学生获取职业资格或职业技能等级证书、毕业生就业质量、"双师型"教师队伍建设等内涵发展的核心要素，加大职业培训、服务区域和行业的评价权重，彰显职业教育的类型特色和功能价值。同时完善政府、行业、企业、职业院校等多元参与的质量评价机制，引导行业企业深度参与评价，持续动态地优化人才培养过程。

3. 教师评价：明确双师特质

教师队伍是发展职业教育的第一资源，是支撑新时代国家职业教育改革的关键力量。建设高素质"双师型"教师队伍是加快推进职业教育现代化的基础性工作。《深化新时代职业教育"双师型"教师队伍建设改革实施方案》对深化"双师型"导向的教师考核评价改革提出了具体要求。

首先，筑牢师德师风建设是根本。要坚决克服重科研轻教学、重教书轻育人等现象，将师德师风纳入业绩考核、职评评聘、评优奖励等评价体系，建立师德考核负面清单制度，严格执行师德考核一票否决制。

其次，健全"双师型"评价标准是基础。明确"双师型"教师认定、聘用、考核等评价标准，重点考核体现双师素质的实践技能水平和专业教学能力。

再次，深化教师职称制度改革是关键。坚持分层分类原则，建立以能力和业绩成果为导向的多元评价机制，重点评价教育教学的标志性成果以及应用性研究成果转化推广、社会培训等技术服务贡献，同时探索建立不同类型成果灵活替代机制。

最后，淡化人才头衔光环效应是牵引。职业教育高质量发展不仅需要高学历、高职称人才的支撑，更离不开高技能人才。要着力打破职业学校引进师资力量的学历壁垒，畅通行业企业高层次技术技能人才从教渠道，推动企业工程技术人员、高技能人才与职业学校教师双向流动。

4. 学生评价：突出德技并修

德技并修是职业教育立德树人的评价旨归，是职业教育学生评价的根本价值导向。

一是健全综合素质评价体系。完善德育评价，以德智体美劳全面发展的社会主义建设者和接班人为根本目标，将理想信念、职业精神、工匠精神等贯穿人才培养和评价全过程；强化体育评价，在高等职业教育阶段开设体育课程，引导学生养成良好的锻炼习惯和健康的生活方式，锻炼坚强意志、培养合作精神，将学生体质健康达标、修满体育学分作为毕业条件；改进美育评价，注重培养学生良好的审美情趣和人文素养，将公共艺术课程与艺术实践纳入人才培养方案，实行学分制管理；加强劳动教育评价，建立劳动清单制度，将参与劳动教育课程学习和实践情况纳入学生综合素质考核。

二是完善学生学业评价。学业评价旨在对学习者的学业成就水平的高低（学习绩效）进行判定和分级，处于某一级别的人必须满足相关标准的质量要求。因而，必须建立学业评价标准体系，完善职业技能考试和职业能力测评评价方式，探索建立过程性考核与结果性考核有机结合的学业考评制度，完善实习（实训）考核办法，基于增量增值挖掘学生的发展潜力。

三是深化职业教育考试招生制度改革。考试招生制度改革是职业教育高质量发展的关键举措，是凸显职业教育类型的标志性改革。一方面，要完善高等职业教育"文化素质＋职业技能"考试招生办法，探索春季高考、单独招生、对口单招等分类招考方式，建立职教高考评价体系；另一方面，要推进国家资历框架建设，加快建设职业教育国家"学分银行"，建立各级各类教育培训学习成果认定、积累和转换机制，打通技术技能人才成长和可持续发展的通道。

5. 用人评价：坚持人尽其才

职业教育是面向人人的终身教育，为技能型社会建设提供人力资源支撑。长期以来，我国职业教育总体办学层次较低，社会吸引力不强，要想建立起职业教育类型自信，就必须改革用人评价，创设良好的技术技能人才成长与评价环境，使大众通过职业教育可以实现技能报国、人人出彩。

一是坚持人岗相适。建立以品德和能力为导向、岗位需求为目标的人才使用机制，改变"唯名校""唯学历"用人导向，特别是突破职业学校毕业生就业和生涯发展中存在的一些制度和政策瓶颈，明确职业学校毕业生在落户、就业、参加机关企事业单位招聘、职称评聘、职务职级晋升等方面，与普通学校毕业生同等对待。

二是完善技能人才评价制度。《人力资源和社会保障部关于改革完善技能人才评价制度的意见》明确提出，"建立健全以职业资格评价、职业技能等级认定和专项职业能力考核等为主要内容的技能人才评价制度"，为技能人才脱颖而出创造制度条件。

三是建立重能力、重实绩、重贡献的激励机制。坚持以岗定薪、按劳取酬、优劳优酬，同时强化考评结果运用和激励作用，以建立科学有效的评价办法、用活用好人才评价机制为着力点，激发技术技能人才的干事创业热情，推进技能社会和人才强国建设。正如习近平总书记所说，我们要树立强烈的人才意识，寻觅人才求贤若渴，发现人才如获至宝，举荐人才不拘一格，使用人才各尽其能。

（五）新时代深化职业教育评价改革的实施路径

我国职业教育评价改革经历了以满足办学条件为主、重视人才培养为主、建立示范引领为主和以质量发展为主的变迁，目前进入以利益相关为核心的建构阶段。新时代深化职业教育评价改革，既要考虑学生、教师和家长等内部相关者的利益，也要兼顾政府、企业和社会等外部相关者的利益，推动职业学校建立自我评价制度，完善与职业教育发展相适应的外部评价机制，同时建立内外部质量评价对话沟通机制，通过主体自治、行业参与、政府监管、社会监督等举措构建具有类型特色的职业教育评价体系。

1. 主体自治：构建职业学校内部质量保证体系

学校是办学质量的直接责任主体、实施主体和评价主体，建立健全内部质量保证体系是切实提升办学水平、管理能力和教育教学质量的有效手段，也是深化新时代职业教育评价改革的核心基点。

一是健全组织结构。建立党委领导下的内部质量保证体系建设委员会，设立诊改工作办公室、督导机构、教育教学质量评价中心等内部质量保证和评价机构，负责工作的研究、推动和监控工作。教学及学校相关行政部门主"管"、二级教学单位主"办"、质量保障组织机构主"评"，实现"评管""评教"与"评学"的有效分离与相互制约。

二是完善评价标准。以质量标准的制定和遵守为核心重塑质量文化，并对校内质量标准体系进行动态调整，修订完善教学标准、教师发展评价标准、学生成长评价标准、社会服务评价标准等，同时建立标准落实的监测督导机制，以标准为牵引推动人才培养质量的提升。

三是运用信息化手段。建设校本数据中心，打破内部"信息壁垒"，实现校内各类信息资源的实时采集和共建共享，实现状态数据平台填报数据的自动采集、分析和上报。强化质量保证组织机构的信息化应用能力，充分利用现代信息技术关注质量生成的过程分析，为学校教育教学工作提供数据支撑，保证质量管理和评价的科学性。

2. 行业参与：建立行业企业广泛参与的职业教育评价机制

普通高等教育、基础教育的评价主要以同行评价为主，教育同行是具有明显优势的评价主体。但职业教育是具有跨界属性的类型教育，与普通教育不同的是，行业企业的参与是职业教育评价的重要特点。在职业教育治理体系和治理能力现代化进程中，从同行评价为主到行企深度参与愈发成为职业教育评价改革的发展方向。

第一，完善政策法规制度，拓宽行业企业评价广度。通过完善法律法规明确行业企业在职业教育评价中的主体地位，并对行业企业参与职业教育评价的内容、途径以及评价结果的应用进行全面的规定。在具体政策设计上，应明确行业企业对职业教育的全方位评价，不只关注学生在校的受教育过程，也要关注毕业生在进入劳动力市场之后，职业院校教材知识体系与用人单位岗位标准之间的契合度、学校课程设计和岗位能力之间的吻合度、人才培养目标与企业岗位职业发展需求的匹配程度。

第二，建立利益分享机制，增强行业企业的参与力度。从利益纽带的建立着手，围绕产教融合、校企合作出台政策法规，激发行业企业通过多种方式参与学校专业规划、教材开发、教学设计、课程设置、实习实训等，将企业需求融入人才培养与评价各环节。优化各级政府在国有资产管理、人事管理、收益分配、金融财税、土地保障等领域的激励措施，鼓励有条件的行业组织或大型企业以资本、技术、管理等要素依法参与办学并享有相应权利，通过股份制、混合所有制等形式举办高质量的职业教育。

第三，建立行业企业标准，提高行业企业评价深度。校企共同开发职业教育教学标准，包括专业建设标准、行业职业资格标准、课业考核标准和人才培养标准等，切实将行业企业岗位标准和用人标准贯穿到考核评价目标中去，评价方案要经过行业协会、企业专家深入论证，并综合考虑职业院校的实际情况，保证切实可行。

3.政府监管：深化新时代职业教育督导体制机制改革

教育领域全面深化综合改革，推行"管办评"分离，推动政府职能由"办"向"管"转变。深化新时代职业教育评价改革，要求政府在评价过程中体现管控应激性，加强事中事后监管，通过教育督导不断完善和提升职业教育办学质量。

一是完善政府履行教育职责评价督导评估工作机制。根据国家有关法律法规和职业教育评价改革的需求，加快推动地方及时制定相应的职业教育督导法规和实施办法，确保职业教育督导评估有法可依、有章可循。职业教育督导要把中央顶层设计与地方协同创新、积极实践密切结合起来，聚焦政府稳定投入与绩效、简政放权与职能转变、改革发展与创新以及教育公平，推动地方政府履行发展职业教育的责任。

二是加强对学校的督导，引导学校创办特色、办出水平。职业学校督导评估要突出职业教育的类型特色，按照"产教融合、校企合作、工学结合、知行合一"的育人理念设计督导评价指标体系，重点关注行业企业参与办学情况和学生职业素质、生涯发展。要坚持公开透明，对督导评估的主体构成、评估指标、数据来源进行公开，提升评估结果的可信度。要突出发展的理念，评估目标不是考核而是为了发展，重视学生、家长以及行业企业多元主体的积极参与，力求在督导评估中找差距、补短板、强优势、促发展，真正增强市场适应能力和可持续发展的生命力，推动院校办学质量的持续改进。

三是建立教育督导部门统一管理、多方参与的职业教育评估监测机制。科学的评估监测，是发现问题的手段，是有效开展督政、督学的前提和基础。职业教育评估监测作为一项专业性、综合性强的工作，需要由教育督导部门统一管理，专业测评机构、职教专家、行业企业多方参与，根据职业教育办学宗旨和国家政策导向建立科学、全面的评估监测指标体系，并利用大数据技术进行信息收集与分析。

4.社会监督：完善与职业教育发展相适应的社会评价制度

社会作为职业教育的利益相关方，在评价中的话语权一直较低，社会评价作为职业教育评价改革中的关键一环，其功能还未能充分发挥，能力和水准还有待进一步提升。新时代深化职业教育评价改革，应扩大社会公众的知情权、参与权与评价权，加快完善与职业教育发展相适应的社会评价制度。

一是积极引导家长和社会公众有序参与职业教育监督评价。通过建立制度化的评价渠道吸引家长和社会公众有序参与职业教育评价，比如在职业院校治理结构中积极吸纳家长和社会公众的参与，在毕业生就业质量反馈中主动吸纳家长和社会公众对职业教育办学质量的评价，在院校办学质量评价和绩效考核中加大家长和社会公众评价的权重占比。

二是健全国家、省、校三级职业教育质量年报制度。当前我国职业教育质量年度报告制度还处于起步阶段，需要建立职业教育质量年度报告问责制度，形成有效的工作机构和问责体系，将未报送质量年报的院校纳入负面清单。规范学校层面质量年度报告内容标准，重点突出高职院校发展特色以及公众期待和关心的内容。创新发布形式，拓展发行渠道，通过喜闻乐见、通俗易懂的方式向社会大众公布，进一步扩大质量年报的社会影响力。突出企业办学主体地位，推动企业持续增加年报数量，加快提升企业年报质量。

三是支持专业机构和社会组织规范开展职业教育评价。国家通过政府购买服务、企业税收减免等方式解决企业参与动力不足的问题，推动独立中介机构、行业企业和社会团体参与到职业教育质量评价中来。将第三方评价机构的资质认定制度化，对第三方评价机构的认可机构、认可标准、认可程序、认可周期等内容做出原则性规定，实施一票否决制，建立诚信档案或黑名单制度，对服务质量不达标、专业水平不佳、以牺牲独立性为代价获取不正当利益的组织要进行相应的惩罚，勒令其退出教育评价行业或进行整改。

（六）新时代深化职业教育评价改革的成效表征

职业教育评价改革是一项艰巨复杂的长期性工作，改革成效的显现更需要一个长期的过程。职业教育评价改革要把提高改革质量、提升改革成效放在重要位置，分析预判可能出现的新情况，避免出现改革推进的"样子货"、制度推进的"摆拍照"问题。我们可以从主体、标准、手段以及导向四个维度来判断其成效表征。

1. 评价主体更加多元化，利益相关方满意度持续提升

职业教育的生态环境决定了其生存与发展必须关注与之发生各种关系的利益相关者，必须回应政府、行业企业、学校、学生、教师、社会组织等多元利益相关者的利益诉求，从而决定了职业教育评价主体的多元性。因此，评价主体是否已经从政府一元控制转向了多元主体参与评价，是衡量新时代职业教育评价改革的一个重要效验表征。在职业教育领域，要形成政府、学校、行业企业、社会组织、用人单位等主要利益相关者共同参与的多元评价运行机制，构建起政府管理、学校办学和行业企业第三方评价的职业教育评价共同体，打破了行政主导职业教育评价的传统格局，为职业教育注入更多的行业要素和市场要素，使各方诉求得到满足，激发了职业教育的办学活力。

2. 评价标准更加特色化，类型教育特征进一步彰显

评价标准是实施教育评价的核心要素，反映出教育教学活动中应当重视什么、忽视什么，具有引导被评价者向何处努力的作用。职业教育的评价标准，应充分考察职业教育发展的经济社会背景，结合我国职业教育政策发展的核心领域和改革重点，将体现职业教育类型的要素如产教融合、育训结合等要素纳入评价标准，明确职业教育的办学导向，引导职业学校加强高素质劳动者和技术技能人才培养。同时，职业教育要遵循自身办学规律和技术技能人才成长规律，建立健全多元评价、动态评价、过程评价等多种方式相结合的评价机制，推动职业教育"由参照普通教育办学模式向企业社会参与、专业特色鲜明的类型教育转变"。

3. 评价手段更加现代化，精准决策进一步优化

教育信息化驱动教育评价手段现代化。我国以往开展的职业教育评价以传统评价为主，现代化评价方法和技术使用不足。新时代深化职业教育评价改革，要充分利用人工智能、大数据等现代信息技术，探索更科学、更先进的手段、方法和工具，建立并完善校本人才培养工作状态数据管理系统，开展学生各年级学习情况全过程纵向评价、德智体美劳全要素横向评价，从"一考定终身"的终结性评价转向重视教育教学全过程的形成性评价。同时，要完善评价结果运用，将评价结果反馈到人才培养过程中，形成人才培养改革创新的良性机制。评价手段的现代化驱动职业教育改革在精准决策上更加优化，推动职业教育评价在新技术引领与深度融合下不断向现代化与专业化水平发展。

4. 评价导向更加科学化，社会吸引力显著增强

科学的评价导向是职业教育改革发展的重要方向引领。只有确立和坚持正确的职业教育评价导向，才能形成科学的职业教育发展观、人才成长观、选人用人观，办人民满意的职业教育。新时代职业教育评价改革的实效，就应体现在对"五唯"顽瘴痼疾的克服上，通过破立并举，改变简单以就业率评价学校办学绩效和水平的导向和做法，能够遵循技术技能人才成长规律，以学生成长成才为导向，促进学生全面而有个

性地发展。同时健全技术技能人才的评价激励制度，营造人人皆可成才、人人尽展其才的良好环境，努力让每个人都有人生出彩的机会。

第二节　高职校本数据中心发展趋势

高职院校构建校本数据平台有重要的现实意义。针对当前高等职业院校人才培养工作状态数据采集与管理平台中存在的数据严重滞后、数据质量不高、数据分析困难、数据重复采集、缺乏奖惩机制等问题，以黄河水利职业技术学院校本数据平台建设实践为例，提出实时采集数据、自动加工数据、深度分析数据、自动对接数据、建立奖惩机制等具体对策。

高等职业院校人才培养工作状态数据采集与管理平台（以下简称"数据平台"），是高职院校和教育行政部门及时掌握人才培养工作状态、发布高等职业教育质量年度报告、推进高水平高职学校和专业建设的重要依据，促进了教育行政部门宏观决策的科学化，促进了高职院校管理的规范化、科学化和精细化。

从 2008 年开始，数据平台在我国高职院校发现问题、反映实情、引导发展、保障教育教学质量持续提高等方面发挥着重要作用。2019 年 4 月 18 日，教育部办公厅、财政部办公厅发布了《关于开展中国特色高水平高职学校和专业建设计划项目申报的通知》（简称"双高计划"），文件"申报条件"中明确提出，相关条件和数据来源以"高等职业院校人才培养工作状态数据采集与管理平台"为主要依据。

（一）校本数据中心的历史阶段

2008 年 4 月，教育部发出了《关于印发高等职业院校人才培养工作评估方案的通知》。2014 年，"高等职业院校人才培养工作状态数据采集平台"升级后，更名为"数据平台"，同时也更新了上报流程，各高等职业院校可以直接上报教育部高职数据中心，省去了教育厅汇总、上报的环节。根据职业教育"放管服"改革的需要，从 2020 年起，教育部职业教育与成人教育司不再每年单独发布数据平台采集工作的通知，而是委托全国职业院校教学工作诊断与改进专家委员会（简称"全国诊改专委会"）发布工作通知，统筹负责数据平台的采集与管理工作。

各高校数据中心建设的发展大体可以分为四个阶段：初级阶段、中级阶段、高级阶段和理想阶段，目前学校建设数据中心，一般可跳过初级阶段，直接进入中级阶段甚至高级阶段。但要达到理想阶段，需要人员信息化素养、管理意识和学校规章制度的到位，而不是简单的花钱就能解决。

1. 初级阶段

此阶段的职能是：构建全校统一的数据中心，将 IT 运行环境进行简单的物理合并。

将分散在各职能部门小机房中的 IT 资源集中到学校的数据中心进行集中管理，可以用更少的 IT 资源完成更多任务，这也是学校快速获得 IT 投资回报的一个重要环节。

通过物理合并可节省管理和支持成本，并提高安全性、可用性，提高系统与网络的利用率，减少能源消耗，降低运营成本并提升系统性能，改善服务水平。同时合并后简化的 IT 环境具有更好的敏捷性，能更快地响应安全漏洞、物理灾难和停机。

2. 中级阶段

此阶段的职能是将硬件设备进行整合，提高 IT 基础设施利用率。通过使用一些新技术，如服务器虚拟化、存储虚拟化和网络虚拟化，将服务器、存储、网络设备进行整合和集中管理，以减少硬件设备的数量。通过硬件设备的集成，可以有效地利用 IT 基础设施，在改善应用、网络和数据的性能和可用性的同时，降低总运营成本。这一阶段，主要是硬件层面的整合，与具体的业务系统关系不大。现有很多 IT 厂商从各自的角度提出了许多解决方案和技术，如 IBM 推出"新一代数据中心"的业务，惠普称之为"绿色数据中心"或者"下一代数据中心"，Sun 和 DELL 也分别组建了专门的"新一代数据中心"的机构和部门，NetApp 也从存储角度提出了"DataCenter II"的概念和设想。

由于采用了虚拟化的技术，无论是从计算性能（服务器），还是从存储能力方面，都很容易实现按需扩容的需要，灵活地满足学校信息化建设发展的需求。

3. 高级阶段

此阶段的职能是对应用和数据进行整合，简化 IT 运行环境。在硬件整合的基础上，通过对不同业务部门的应用进行整合，改变学校原来在 IT 环境中存在的多个应用、多个数据库的不合理布局，使部门级数据孤岛过渡到紧密相关并在全校范围内都可用的数据。决策者则可以实时获得有价值的数据。通过将具有不同使用模式的应用整合到一台服务器上，还可以更好地利用容量。应用集成简化了资源，实现了系统的标准化，降低了成本，并提高了系统性能。

到达这个阶段，可以更轻松地对应用进行合理化，从访问多个数据库的多个应用转变到集成的数据库和应用，从而在实现成本节约的同时获得 IT 环境的灵活性。

4. 理想阶段

此阶段的职能是面向服务，从数据中心到集成的数据环境。

面向学校的各个应用提供 IT 基础保障和运行维护服务，将技术、产品、服务和解决方案完美结合来提供和支持一个持续可用的环境，以确保应用面临变化时能够保持稳定和高效。在降低成本的同时，能有效地维持服务水平;将服务器、网络设备、存储、服务与软件，以及管理服务都处于动态控制下，且具有可扩展性，以确保 IT 环境拥有所需的容量，并只为必要的资源付费，实现资源容量与服务需求实时匹配;监视和控制资源状况、跟踪资源使用、报告基础设施运行对业务的影响。

从数据层面来看，数据中心不只是设备的集中，也不只是数据的简单聚集，而应该基于学校的信息资源规划进行合理的主题数据库划分，全面地考虑数据的整个生命周期管理，为应用系统提供良好的数据环境。

无论哪一个阶段，都需要有相应的运行维护管理体系设计和人员投入，对于没有技术力量的学校，可以探索外包的运维服务模式，将基础的 IT 保障环境外包给有资质和能力的单位进行，自己集中力量进行学校的信息资源规划和顶层设计，确保学校信息化健康有序发展。

（二）校本数据中心的未来发展线路

"诊改"工作与数据平台的有机互动，将大力推进学校信息化建设和提高数据实时应用水平；大部分学校"校本数据平台"的建成，将加快"国家数据平台"数据实时化的步伐，使数据采集的效率提高，成本降低；高职状态数据将晋升大数据序列；数据的挖掘和分析成为平台建设的工作重心；与新技术的结合，人才培养状态大数据的应用前景必将更加广阔。

第二章 高职教育校本数据中心的内涵

第一节 相关概念

一、数据孤岛及统一数据标准

（一）数据孤岛

1. 孤岛数据的内涵

企业发展到一定阶段，出现多个事业部，每个事业部都有各自数据，事业部之间的数据往往都各自存储，各自定义。每个事业部的数据就像一个个孤岛一样无法（或者极其困难）和企业内部的其他数据进行连接互动。这样的情况称为数据孤岛。简单说就是数据间缺乏关联性，数据库彼此无法兼容。在企业信息化中专业人士把数据孤岛分为物理性和逻辑性两种。

2. 孤岛数据的分类

物理性的数据孤岛指的是，数据在不同部门相互独立存储，独立维护，彼此间相互孤立，形成了物理上的孤岛。逻辑性的数据孤岛指的是，不同部门站在自己的角度对数据进行理解和定义，使得一些相同的数据被赋予了不同的含义，无形中加大了跨部门数据合作的沟通成本。

3. 数据孤岛的形成原因

以功能为标准的部门划分导致数据孤岛：企业各部门之间相对独立，数据各自保管存储，对数据的认知角度也截然不同，最终导致数据之间难以互通，形成孤岛。也因此集团化的企业更容易产生数据孤岛的现象。

每个部门都会有业务数据的产生，有对数据保存和使用的需要，不同部门对数据的定义和使用可能存在较大的差异，所以各部门之间的数据不能互通。

信息部门建设相对滞后，如果信息部门不能尽快满足业务对数据处理的要求，那业务部门就可能独自开发业务系统，这种情况现在还是普遍存在。

缺少企业内信息化建设的战略和标准，如果不能做到信息系统建设的统一，由不同部门、不同公司来建设的话，必须有个标准能够使得日后的互通比较容易实现。

不同类型不同版本的信息化管理系统导致数据孤岛：人事部门用 OA 系统，生产部门用 ERP 系统，销售部门用 CRM 系统，甚至一个人事部门在使用一家考勤软件的同时，却在同时使用另一家的报销软件，后果就是一家企业的数据互通越来越难。

（二）统一数据标准

数据标准就是给数据一个统一的定义，让各系统的使用人员对同一指标的理解是一样的。

数据集成中心中建立标准的数据编码目录，源系统数据依据标准的数据编码目录，经过整合后进入数据集成中心存储，实现企业数据的标准化与统一存储。

基于数据集成中心所存储的数据，支撑实现统一数据视图，使企业在用户、资源等视角获取到的信息是一致的，提升用户以及企业内部的管理人员与分析人员对系统的感知。

二、结构化及非结构化数据

（一）数据存储结构的分类

目前，社会上使用的数据大概被划分为三类：第一类信息存储在数据库里，可以用二维表结构来逻辑表达，称之为结构化数据；第二类信息不能以二维表的形式存储在数据库里，如办公文档、各类报表、电子邮件、图片、视频等，称之为非结构化数据；第三类信息介于完全结构化数据和完全无结构化数据之间的数据，如 HTML 页面、XML 文档等，称之为半结构化数据。

1. 结构化数据

结构化数据（Structured Data）是指具有一定结构性、可以划分为固定的基本组成要素、能通过一个或多个二维表来表示的数据。结构化数据一般存储在关系数据库中，具有一定的逻辑结构，可用关系数据库的表或视图表示，使用关系型数据库来管理结构化数据是目前最好的一种方法。

结构化数据极大地方便了人们的日常工作与生活。工作生活中涉及的数据信息存储在预先建立好的关系数据库中，再把数据按业务分类，并设计相应的表，然后将对应的信息保存到相应的表中。这些表查询统计都非常方便，且操作简单、易于维护。

许多应用系统都是基于关系数据库建立起来的。

2. 非结构化数据

非结构化数据（Unstructured Data）是指结构化数据以外的数据，数据结构不固定，无法使用关系数据库存储，只能够以各种类型的文件形式存放，如 office 文档、文本文件、图片、财务报表、图像、音频和视频等等。

非结构化数据通常无法直接知道其内容，必须通过对应的软件才能打开浏览，数据库也只能将它保存在一个 BLOB 字段中，对以后的数据检索造成了极大的麻烦。而且该数据不易于理解，无法从数据本身直接获取其表达的意思。非结构化数据没有规定的结构，不能将其标准化，不易于管理，所以查询、存储、更新以及使用这些非结构化数据需要更加智能化的系统。

3. 半结构化数据

半结构化数据（Semi-structured Data），是介于结构化数据和非结构化数据之间的一种数据形式，该数据和上面的两种类别都不一样，它是具有结构的数据，但是结构变化很大，因为该数据不能简单地组织成一个文件按照非结构化数据处理，由于结构变化很大也不能够简单地建立一个表与它对应。它一般是自描述的，数据的结构和内容混在一起，没有明显的区分。这类数据最具有代表性的是 XML 文档。

XML 是由 SGML 发展而来的，非常适合异构数据之间的交换。XML 带来了非结构化数据与结构化数据的交互使用，使得两者可以自由转换结构，不仅能够满足不同系统对自身文件格式的要求，同时还满足了数据的统一管理。本节就是以半结构化的 XML 作为中间环节，标记非结构化数据，给其赋予结构，以此来实现非结构化到结构化的数据转换。

（二）非结构化数据查询相关技术

对于结构化数据的查询处理，传统的关系型数据库经过多年的发展，已经形成了一套成熟的查询技术。解析器和翻译器将查询请求表示成关系代数表达式的形式，优化器根据数据统计信息对关系代数表达式进行优化得到一组优化后的执行计划，执行引擎根据选择一个最优的执行计划执行得到查询结果。其中对于选择操作的执行，最简单的是线性扫描，对于排序好的数据可以进行二分查找，对于有主键的数据可以进行主键上的查找，对于有索引的数据可以进行索引上的查找等。对于连接操作，可以用分块嵌套连接、索引嵌套连接、排序、归并连接、哈希连接等方法。关系型数据库查询优化的方式包括基于代价估算的查询优化和基于启发式规则的查询优化等。

随着互联网的发展，出现了越来越多的关系型数据库难以应对的非结构化数据。这类数据存储结构大多是面向对象的，而关系型数据库则是面向关系的，这种情况被称之为阻抗不匹配 (Impendence Mismatch)，解决这个问题的一种思路是用 Hibemate、Entity Framework 等 ORM 框架，另一种思路就是用 NoSQL 数据库。

三、高、低质量数据中心

（一）数据中心

数据中心是全球协作的特定设备网络，用来在互联网络基础设施上传递、加速、展示、计算、存储数据信息。数据中心大部分电子元件都是由低直流电源驱动运行的。

数据中心的产生致使人们的认识从定量、结构的世界进入到不确定和非结构的世界中，它将和交通、网络通信一样逐渐成为现代社会基础设施的一部分，进而对很多产业都产生了积极影响。不过数据中心的发展不能仅凭经验，还要真正的结合实践，促使数据中心发挥真正的价值作用，促使社会的快速变革。

（二）质量数据中心

数据是企业数据中心的重要资产，获取并维护高质量数据，对高效的 IT 和业务运营至关重要。面对复杂度不断增加的业务数据，如何全面保证数据质量？借助完备的 Informatica 数据质量平台，无论何时何地，都可以在整个企业内访问、甄别、清洗、集成、交付可信的数据，并在第一时间找出并修正藏匿于任意位置、令公司动辄花费上百万的数据质量问题。

1.Informatica 的数据管理目标

调查显示，信息的价值平均为企业价值的 37%，可以说，信息已经成为企业最重要的资产之一，越来越多的企业更加重视数据中心的建设。但有许多因素会导致这些"资产"贬值，比如数据的冗余和重复导致信息的不可识别、不可信，信息时效性不强，精确度不够；结构或非结构数据使整合有困难；管理层面的人员变动引发的影响；数据标准不能统一，相关规范不完善造成对数据理解的不充分等等。

Informatica 既可以在数据架构层面提供信息传递、B2B 数据交换、企业数据集成等一系列的基础架构解决方案，同时也可为行业提供数据质量管理、主数据管理和复杂事件处理等方案，来支撑数据中心实现可信、交互、权威的信息资产管理，达成企业的业务目标，这也是信息中心建设的一个重点。

2. 数据质量管理的整体框架

数据质量管理在数据中心建设中是一个完整的生态链。数据质量会受供应商、生产员工、工艺流程以及内部客户和外部一些系统的影响；同时，从应用和软件角度方面来讲，数据提供者、软件开发集成、质量管控手段等也都会影响企业数据质量的整体状况。

从数据质量整体框架和方法论上讲，首先我们要确定目标，然后要清楚用什么人，通过怎样的流程，采用什么样的技术支撑来达成目标，人、流程、技术三方面缺一不可。

而设定最终目标前最重要的一件事是要了解现状，找出企业最关注哪些数据质量，通过记分卡对现有数据进行评估，同时还要进行实时的监控，从流程、时间角度发现数据的变化，了解现状后确定的目标才是可信、可完成的，而不是天方夜谭式的水中月、雾中花。

数据质量理论上不是完全可控的，要实现数据质量的提升，必须要做到指标的可量化，通过量化指标实现质量可控。从技术层面来讲，要从以下六个角度去考量数据质量，也称为数据质量的矩阵，包括完备性（信息是否填写全面）、符合性（数据是否按照标准格式进行填写）、一致性（是指内部冲突，同一系统中两个字段间相关推导和约束关系）、准确性（包括数据是否真实有效和数据是否及时更新）、唯一性（多条信息是否相同和一致）以及完整性（从约束性和参考性方面考虑，数据相互间的参照关系）。当然，企业是要根据自己的业务需求来确定考量数据质量的指标或体系，并不一定必须局限在这六个方面。

3. 构建数据质量处理流程

一个完整的数据质量管理，是人、流程和技术的完美配合，才能达到数据质量管理的目标。那数据质量处理的流程是怎样的呢？对于数据质量的处理，我们把它分成两大部分，一是面向数据质量的分析过程，二是针对分析结果进行增强的过程。先要识别和量化数据质量，然后定义数据质量和目标，接下来就要交给相关部门设计质量提升的流程，其后就是实现质量提升的流程，把原有低质量数据变成高质量数据，并交付给业务人员使用。同时，在整个环境中，还需要有相关的监控和对比来评估是否达成了目标，决定是否需要进行新一轮的数据质量提升。这是一个周而复始、螺旋上升的过程，并不是一蹴而就，一次就可以解决全部问题。

通过 Informatica 构建数据质量管理主要分为四大部分。一是 Analyze and Prfiling，通过对现有数据的详细分析、描绘，来确定怎样对他进行处理和标准化；二是 Standardise Cleanse，标准化和清洗更容易让计算机识别，比如数据可以通过什么样的格式进行限制和约束，进行怎样的交验就可以达到数据标准的要求，哪些信息可以通过数据质点或者参考数据进行相关的标准化；三是 Match，标准化后要进行相关的数据匹配，解决数据重复性问题，并保证数据的唯一性；四是 Consolidate，将重复数据进行合并，最后运用到不同的系统当中。需要注意的是，在整个过程中我们都需要进行相关的监控。在日常数据中心建设中，也可以对这几部分进行相关的延展或者精简来完善数据质量管理过程。

这里重点介绍一下 Informatica，其最具特色的模糊匹配技术。在数据匹配关联中，可以用到不同的匹配关联技术，比如在实现数据的精确快速匹配时，可以先对数据进行预览，查看两个数据的可匹配度是多少，再进行分析来确定这种匹配是否适用于此种数据的匹配过程。如没有精确匹配来保证匹配率，则可以采用模糊比对的方法，比如下图中，在人名比对中，可能因为拼音简、繁体输入问题造成一个人的数据信息不一致，王门骞的"骞"，一个是简体，一个是繁体，这两个字在计算机编码中并不一致，所以它的名称并不相等，这时就要对他的名字进行模糊匹配打分，通过结果来分辩数据的可信度。比如设定 0.8 以上的数据为可信，那前两条王门骞就是可信的同一个人，而第二条陈东壁被判定不是同一个人。

现在，很多企业的数据中心，不仅仅只是一个最单纯的面向数据仓库的数据存储中心，而是既能支持业务运营，又支持系统分析，还可进行系统间的整合。在数据中心建设中，数据质量需要从数据源端就开始进行治理，治理到业务交互的各个过程。包括 Power Center、Data Quality、MDM Hub、Informatica 9 在内的 Informatica 的数据质量工具，可以将所有的业务逻辑和规则变成相关的一些服务，由各个业务前端、各个业务处理过程中，对数据服务进行调用，进行相关的数据校验和数据清洗，这就是 Informatica 数据质量平台为企业数据中心建设所提供的支持和帮助。

四、数据治理工具及服务

（一）数据治理

1. 数据治理概述

数据治理的研究最初是在国外开始进行的，不同机构对数据治理的定义并不完全相同。站在数据管理者的角度，美国国际管理协会（DAMA）认为"数据治理是对数据资产行使相关管理和控制权利活动的集合"；美国教育部隐私技术援助中心（PTAC）则认为在数据的整个生命周期，对数据进行采集、存储、处理等组织管理的行为集就是数据治理。不同于前两者，IBM 站在企业应用的角度上，认为数据治理是以企业的管控政策为依据，协同企业现有的人员、技术和流程，把数据当作企业资产的一部分进行管理和引用的手段。大众对于数据治理的了解渠道大多来自互联网，比如数据治理在百度百科中的定义是把零散数据使用统一主数据来梳理，以组织或者流程的方式进行全范围的综合数据处理，直到数据清晰有条理的过程。

总结上述对数据治理的定义来看，数据治理需要自上而下多方位考虑，对数据治理的描述和研究应该包括以下几个方面：

（1）数据治理是一个体系，并贯穿于数据的整个生命周期，涵盖了数据的获取、处理以及监管。数据治理应包含数据清洗、数据质量管理、数据监控、数据集成、数据共享等多个信息执行方面的应对。

（2）数据治理要形成一定的数据管控体系、数据协调机制以及数据治理手段，以满足特定范围内的应用需求。

（3）改变数据资源混乱的现状，使数据资源清晰可观，把固有静置的数据资源优化成有价值的信息资产，用于发展建设。

（4）经过数据治理，形成一个可以良性循环的数据环境，提高数据综合分析、数据挖掘的能力和数据应用服务效果。

2. 数据治理策略

数据治理立足于全校的数据管理和数据资源调配，那么区别于数据管理，数据治理变被动为主动，作为行动指南，从数据基础、服务模式、流程协同等方面都体现出全生态的特点，开始面向教学、科研、管理等实现全面服务。换言之，数据管理、功能迭代、应用开发、流程服务都与数据治理相辅相成，在不同的管理实践阶段，有什么样的数据治理内容，就有相应的信息化建设与之相匹配，如图 2-1 所示为数据治理体系，包含了管控过程的数据治理小组、数据清洗、数据标准制定、数据管理、数据集成、数据共享等 6 个方面。

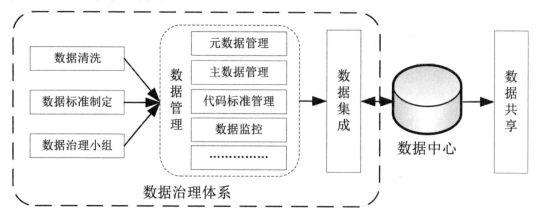

图 2-1　数据治理体系

因此，开展数据治理不但要积极主动，而且要有章法，才能在不断的变革中深入理解数据治理的深度和广度，让基于数据治理的管理、维护、应用再上一个新台阶。综合过往高校信息化建设的经验和数据的管理，主要从以下四方面来制定不同阶段的数据治理策略：

（1）问题分析和目标确定：在实施数据治理之前要对积累的数据问题和业务问题进行分析，制订短期目标和长期的治理规划，对于不同阶段的治理目标可以给出量化或者参考治理指标进行监督和评估，对数据治理的完成程度和效果要不断优化。

（2）组织架构：数据治理不能仅靠网络信息部门的人员来完成，也包括办公部门、学校领导、第三方厂商等，可以从信息技术、工作小组、领导小组三方面对数据治理的参与人员进行组织结构的确定，以明确工作职责，提高数据质量的效率和效果。

（3）数据管理：这里的数据管理主要是数据的组织管理，包括数据标准管理、数据质量评估、数据流向规划、数据权限管理、数据安全监控、主数据和元数据管理等，这些内容相互关联，集中统一的管理使得数据治理的工作条理清晰，有章可循。

（4）数据治理技术和工具：数据治理技术支撑着整个数据治理过程，也直接影响着数据治理的整体策略。数据治理的最终目标是得到较高的数据质量和便捷的数据共享方式，因此，要兼顾数据特点、学校业务、人员构成等方面的因素，数据清洗技术、数据信息标准、数据集成和共享等相关实施工具的选择也至关重要。

（二）数据治理工具

数字经济时代，数据治理的重要性不言而喻，有需求就有市场。近年来，数据治理工具层出不穷：

沃趣：数据库生态领域的引领者，经过多年深耕数据库生态、数据库云领域，通过持续创新，在保持技术前瞻性的同时，注重自研技术价值的释放。现已率先打造了行业领先的企业级数据库云平台，完整构建高性能、备份、容灾、交换、流转等数据库生态闭环，为解决跨云部署、多源异构数据流转等重点难题，开启了云原生数据库生态领域的全方位探索。

飞算 SoData：一站式数据治理工具，其诞生的初衷就是为了帮助企业、机构实现数字化转型，致力于提供高性能、安全可靠、批流一体的数据融合与管理服务。数据治理流程一体化，从 ETL 到计算分析，最后落地，都有完整的流程控制，只需要通过界面操作来配置源库、目标库和表信息，平台自动加载到 spark 表，在 spark 内跑计算分析任务，完成后自动落盘到目标库，操作人员简单培训就能上手，不用担心缺乏专业技能。

云树 Shard 数据库：通过信创国产分布式数据库认证测试，还中标华夏银行 2021 年国产基础软硬件产品入围选型项目（国产交易型数据库）。在数据库融合上，不仅提供关系型数据库的开发、迁移、部署、监控、扩容、安全等相关的管理平台和服务，并将拓展到向量数据库、图数据库、时序数据库等 AI 领域的融合数据库的解决方案。

（三）数据治理服务

目前数据挖掘和大数据分析项目非常多，但往往开发过程困难重重而同时难以达到预期的效果。其中一个重要的原因，就是数据质量问题导致许多预期需求根本无法实现。巧妇难成无米之炊，在 Garbagein Garbageout 的情况下如果没有数据治理，再多的业务和技术投入都是徒劳的。

数据治理（Data Governance）是对数据资产管理行使权力和控制的活动集合，其最终目标是提升数据的价值，是企业实现数字战略的基础。

数据治理是一个管理体系，包括组织、制度、流程、工具。数据治理是一个通过一系列信息相关的过程来实现决策权和职责分工的系统，这些过程按照达成共识的模型来执行，该模型描述了谁（Who）能根据什么信息，在什么时间（When）和情况（Where）下，用什么方法（How），采取什么行动（What）。

数据治理是大数据业务创新成败的关键，企业在搭建数据挖掘分析平台时，就必须已经或者正在着手提升数据资产管理能力，自主发现与自助获得高质量的大数据，就成为大数据应用的前提。

图 2-2　数据资产平台

★制定相关数据治理体系规范，梳理原始生产管理业务指标，厘清各指标业务定义，建立完善的数据标准规范。

★建立数据规范：包括数据标准的管理规范、数据标准的制定规范、元数据的管理规范。

★梳理现有业务系统、业务流程、数据情况，在此基础上提高部门间、系统间的数据共享能力，打破信息孤岛。

★建立数据标准体系，包括数据标准、技术标准、管理标准、数据质量标准。

★梳理各系统的元数据，规范相关元数据内容，建立元数据体系。

★编制数据字典、业务词典。

★设计数据模型。

★设计数据质量管理、数据血缘管理体系。

★设计规划数据填报/采集的方案。

★设计数据质量管理体系。

★最终构建数据治理整体架构。

五、高价值数据应用

专题大数据的分析应用应以问题为导向去构建，只有出现具体管理和服务问题需求后才构建该专题的大数据应用，该应用的构建只为解决实际问题。随着数据的不断积累、数据质量的不断改善，逐步构建跨部门、跨系统的数据挖掘系统和展现平台，以不同主题（专业建设、课程建设、生源质量等）和层次（校、院系、专业、班），为校领导、各级管理机构和教师，提供一个实时、全景式的数据分析挖掘和展现渠道，及时发现管理与教学活动中的问题和规律，为学校、各部门和各学院的决策提供辅助和依据，充分利用笔者所在学校信息化建设所带来的数据与应用整合的优势，在数据到信息，信息到知识的转化过程中，充分发挥信息化所带来的益处与作用，为笔者所在学校进一步提升管理质量和管理效率，为学校的长远规划与建设，真正地起到促进和助推的作用。

专题大数据分析的建设也采取逐步建设的方式，完善一个主题（教学、科研、人事等）的数据、上线一个相应的主题决策服务，如此反复迭代。如专业建设概况分析、专业师资分析、专业生源质量分析。

1. 大数据辅助精准扶贫

依据学生在校消费行为（就餐、购物）数据、上网行为数据、学生图书借阅数据、学生在校行为轨迹、学生基本信息数据、学生住宿信息、助学金历史数据、成绩数据，通过困难生发现算法，发现全校学生中的困难生，辅助辅导员及学生处进行困难生评定工作，解决虚假困难难辨别、困难认定方式不合理、难覆盖真实困难学生自尊心强的问题。

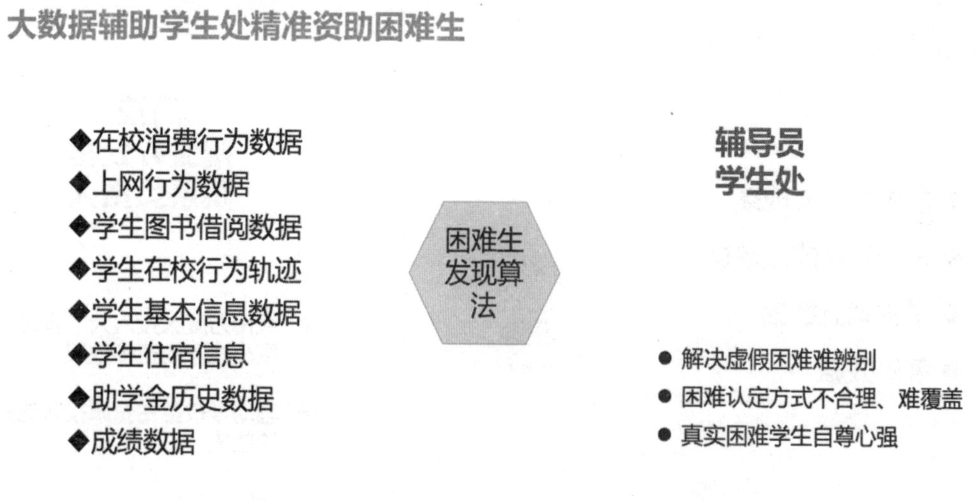

大数据辅助学生处精准资助困难生

◆在校消费行为数据
◆上网行为数据
◆学生图书借阅数据
◆学生在校行为轨迹
◆学生基本信息数据
◆学生住宿信息
◆助学金历史数据
◆成绩数据

困难生发现算法

**辅导员
学生处**

● 解决虚假困难难辨别
● 困难认定方式不合理、难覆盖
● 真实困难学生自尊心强

图 2-3 大数据辅助精准扶贫困难生发现算法

2. 大数据提升安全管理

依据学生在校消费行为（就餐、购物）数据、上网行为数据、学生图书借阅数据、学生在校行为轨迹、学生基本信息数据、学生住宿信息、门禁数据，通过实时和定时计算任务发现失联学生，及时推送数据给学生辅导员和院系负责人，达到早知道、早干预，降低学生安全事故发生概率，提升学校学生安全管理水平。

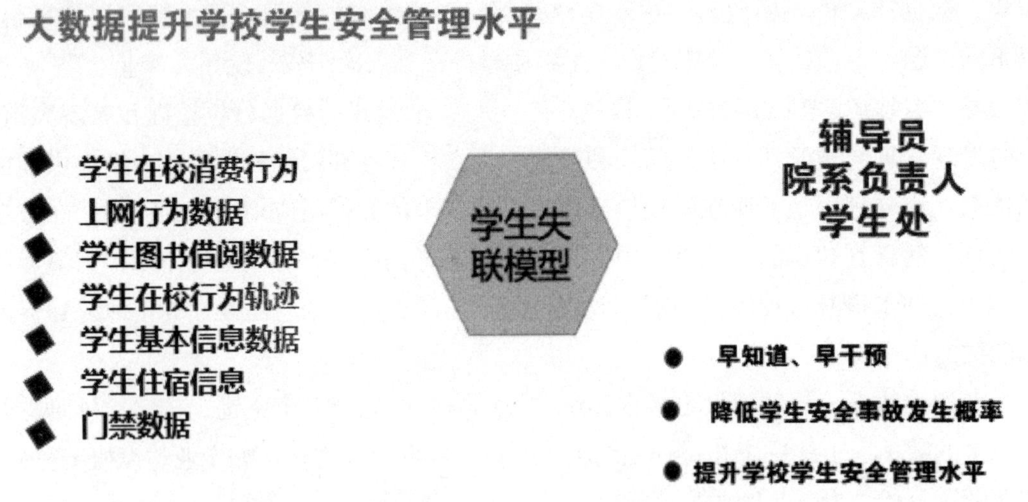

大数据提升学校学生安全管理水平

- 学生在校消费行为
- 上网行为数据
- 学生图书借阅数据
- 学生在校行为轨迹
- 学生基本信息数据
- 学生住宿信息
- 门禁数据

学生失联模型

辅导员
院系负责人
学生处

- 早知道、早干预
- 降低学生安全事故发生概率
- 提升学校学生安全管理水平

图 2-4　大数据提升安全管理学生失联模型

3. 大数据辅助招生宣传

高考结束后，学校的招生宣传工作安排遇到宣传力度大投入大，宣传力度小达不到宣传效果等问题，因此，合理有效的投放宣传资源成为每年招生办的重要工作。大数据通过学生的高考成绩、在校成绩数据、学生就业数据、考研数据，为学校提供优质生源地和学校的高知名度生源地信息，辅助学校招生资源投入的有的放矢。

大数据辅助学校进行招生宣传

- 学生的高考成绩
- 在校四年成绩数据
- 学生就业数据
- 考研数据

发掘优质生源地

高校
招生办公室
院系负责人

- 宣传力度大投入大，宣传力度小达不到宣传效果
- 辅助学校招生资源投入的有的放矢

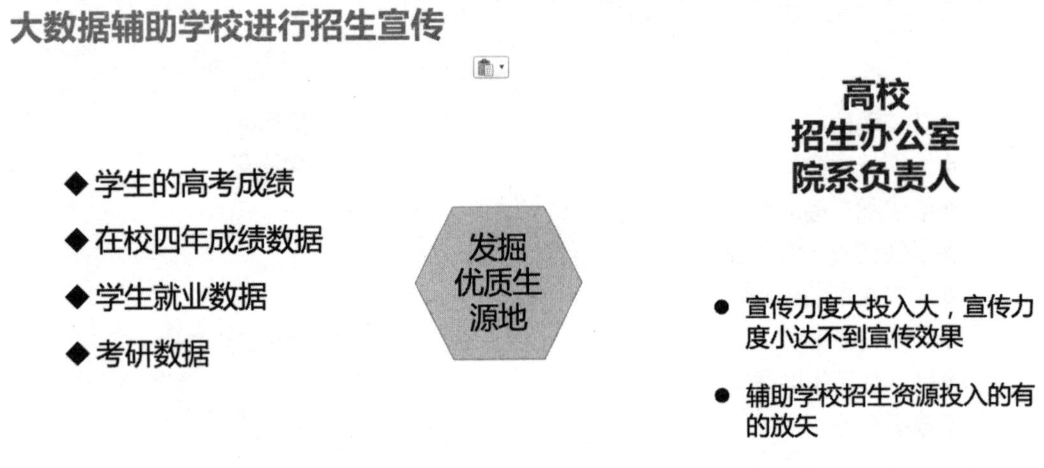

图 2-5　大数据辅助学校招生宣传发掘优质生源地

4. 大数据辅助成绩预测

依据学生在校消费行为（就餐、购物）数据、上网行为数据、学生图书借阅数据、学生在校行为轨迹、学生基本信息数据、学生历史成绩数据，通过成绩预测模型为辅导员、任课教师以及学生本人提供成绩预测告警服务，提醒相关人员和个人加强相关课程的精力投入，提高学校学位获得率，以信息化手段促进。

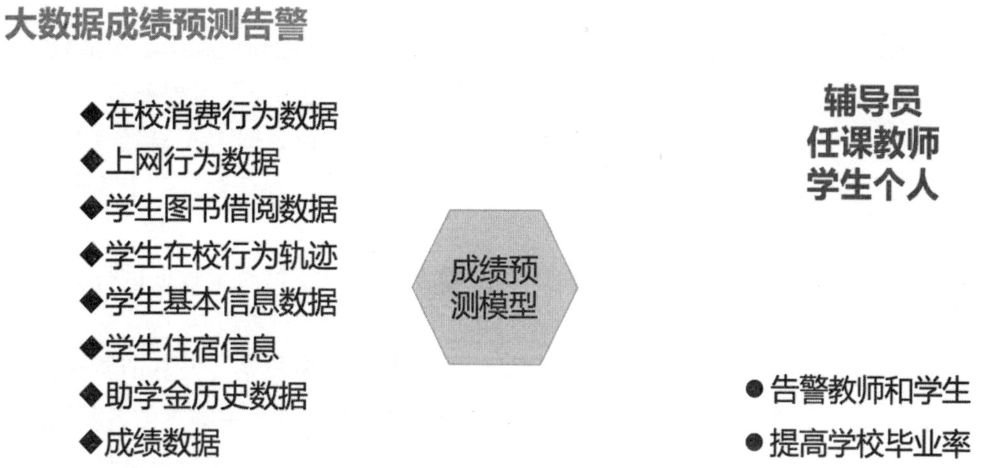

大数据成绩预测告警

◆在校消费行为数据
◆上网行为数据
◆学生图书借阅数据
◆学生在校行为轨迹
◆学生基本信息数据
◆学生住宿信息
◆助学金历史数据
◆成绩数据

成绩预测模型

辅导员
任课教师
学生个人

●告警教师和学生
●提高学校毕业率

图 2-6　大数据成绩预测告警模型

5. 大数据辅助学生就业

依据互联网爬取的学生就业数据、专业行情数据、学生自主创业数据以及学生在校成绩数据、开设的课程数据综合为学生提供就业指导，为学校提供的专业开设、课程设置提供辅助支撑。

6. 大数据辅助教学改革

通过学生上课交互数据、在线学习数据、智能在校考试数据、学生选课信息、专业课程安排数据，从学生的学习画像系统、教师的教学画像系统、课程画像系统为教务部门提供教学环节内的自我诊断和改进的决策支持服务。

7. 大数据辅助心理健康观测

通过读者的上网数据、考勤数据、心理测评结果数据等，分析学生的心理状态，并实现预警分析和信息推送。

六、主数据管理

（一）主数据管理概述

主数据管理（MDM Master Data Management）描述了一组规程、技术和解决方案，这些规程、技术和解决方案用于为所有利益相关方（如用户、应用程序、数据仓库、流程以及贸易伙伴）创建并维护业务数据的一致性、完整性、相关性和精确性。

主数据管理的关键就是"管理"。主数据管理不会创建新的数据或新的数据纵向结构。相反，它提供了一种方法，使企业能够有效地管理存储在分布系统中的数据。主数据管理使用现有的系统，它从这些系统中获取最新信息，并提供了先进的技术和流程，用于自动、准确、及时地分发和分析整个企业中的数据，并对数据进行验证。

主数据管理解决方案具有以下特性：

★在企业层面上整合了现有纵向结构中的客户信息以及其他知识和深层次信息。

★共享所有系统中的数据，使之成为一系列以客户为中心的业务流程和服务。

★实现对于客户、产品和供应商都通用的主数据形式，加速数据输入、检索和分析。

★支持数据的多用户管理，包括限制某些用户添加、更新或查看维护主数据的流程的能力。

★集成产品信息管理、客户关系管理、客户数据集成以及可对主数据进行分析的其他解决方案。

由于和主数据管理关联的方法和流程的运行与企业的业务流系统及其他系统彼此独立，因此这些方法和流程不仅能检索、更新和分发数据，还能满足主数据的各种用途。主数据管理通过将数据与操作应用程序实时集成来支持操作用途。主数据管理还通过使用经过授权的流程来创建、定义和同步主数据来支持协作用途。最后，主数据管理通过事件管理工具事先将主数据推送至分析应用程序来支持分析用途。

（二）数据集成

MDM 为继承和管理参考数据提供免代码、低维护的解决方案。在 MDM 系统成为数据仓库的维数据的确定来源后，它使数据仓库能够侧重于卷管理和数据交付的数据管理目标。

简而言之，主数据管理提供以下功能：

★"匹配与合并"逻辑，用于从一个或多个源系统识别并整合重复记录。

★宽泛的单元格级别关联和历史记录，为数据内容提供了详细的审计跟踪。

★适用于跨所有数据源和应用程序的所有关系数据的中央资料库。

这些功能将极大地降低与以下所述的数据仓库有关的总体开发和维护工作：

1.MDM 共享维度

对于数据仓库的共享维度，MDM 系统将是合规，已集成、已清洗和标准化的单一数据源。此系统将消除在填充合规的数据结构时所牵涉的大部分转换工作，使数据仓库资源能够着重于回答业务问题，而不是集成数据。

2.MDM 渐变维度

对于保持维度变更的历史记录而言，渐变维度是最为有效和使用最为频繁的方法。通过提供进行历史记录跟踪的选项，MDM 系统解决了这个性能问题。它可以记录所有对参考数据实体的更改，解放数据仓库，使之可以在维度渐变时全力跟踪数据细分的更改。当数据仓库维度增长放缓时，它们可以将查询和加载性能受到的影响降至最低。如果用户希望查询某记录的非渐变维的历史记录，他们可以展开浏览 MDM 系统中的历史记录表。

3.MDM 和数据沿袭

数据仓库元数据和沿袭解决方案一般仅限于提供结构化和流程沿袭。MDM 使用户不必再执行费时的手动数据跟踪，因为 MDM 为每个记录上的每个字段均保留了详细的数据沿袭（在单元格级别的跟踪数据沿袭）。对于基础对象中的每个数据单元格，MDM 系统可以识别为单元格提供值的源系统，尤其根据值的最新更新时间来识别该值是由哪个源系统中的哪条记录提供的。MDM 系统还跟踪所有记录合并的历史记录。

（三）管理

实现多域主数据管理有两种方法：MDM 应用程序法 和 MDM 平台法。

1.MDM 应用程序法

MDM 应用程序法附带特定的数据模型、业务逻辑或功能以及图形用户界面，非常适合解决单一、明确界定的业务问题。这类似于购买现成的销售团队的自动化应用程序以管理销售渠道，或购买一个采购应用程序，以管理为供应链购买的直接或间接材料。

2.MDM 平台法

借助 MDM 平台法，组织可以灵活定义其自身的数据模型，基于定义的模型产生逻辑和功能，并支持基于有关功能配置图形用户界面。

3.MDM 应用程序法与 MDM 平台法的不同

其他 MDM 方法如应用程序法和 MDM 平台法都可以快速满足组织采纳 MDM 的初始需求，然而应用程序法将不可避免地导致 MDM 孤岛和成本超支。尽管有时确实存在这种情况，即公司有必要寻求能快速实施的 MDM 方案，以在有限范围内解决迫切的业务难题，但当遇到扩展该 MDM 实施以解决其他业务需求或满足将来的不时之需时，平台法无疑是降低总拥有成本和加快实现价值的最佳途径。

如图 2-7 所示，MDM 两种方法的对比：应用方法从用户界面开始，然后是业务逻辑，然后是数据模型，以及 Informatica 的平台解决方案，从数据模型开始，然后是业务逻辑，最后才到用户界面。虽然这两种方法都可以使 IT 团队解决眼前的业务问题，但前一种方法会使他们局限于构建 MDM 孤岛来解决每一个后续业务问题。相比之下，后一种方法使他们能够充分利用他们投资的时间、资源和预算，以解决每个后续的业务问题。

图 2-7　MDM 应用程序法与 MDM 平台法的不同

4. 其他 MDM 方法如应用程序法的主要不足

（1）每个数据域都有独立的 MDM 应用程序，如，客户域使用客户数据集成（CDI）产品数据使用产品信息管理（PIM）等；

（2）重大业务流程改造采用"大爆炸"方法，往往需要多年时间才能启动；

（3）互操作性仅限于同一品牌的应用程序，将客户锁定在可能不适合他们的更广泛的业务需求的产品上；

（4）由数据管理员独自管理，使业务用户无法享受自行创建和使用主数据的好处。

5. 多领域数据管理

MDM 解决方案是单一平台上成熟的、灵活多领域的，使整个企业可以迅速部署和轻松扩展，以解决多个部门和地区的业务问题。金融服务、生命科学、制造、医疗保健、政府和各行各业的很多最大型的企业都利用 MDM 来满足其战略要求。在单一平台上支持所有的 MDM 要求如下：

★访问——分散的数据源和应用程序带来不一致和重复的主数据。

★发现——抱着发现重复、错误和不一致的宗旨检查数据的一致性和结构。

★清理——解决错误和不完整的字段。

★掌握——将企业相同数据的多个版本合并为一个真实版本或"黄金记录"，并管理内部的层次和关系。

★交付——"黄金记录"同步到下游应用程序和数据仓库。

6. 主数据管理

通过单一平台上成熟的多领域 MDM 集中主数据的管理，从而消除点对点集成，简化结构，降低维护成本，改进数据治理。 MDM（主数据管理）能够通过以下步骤帮助企业成功进行多领域主数据管理：

★建模——用灵活的数据模型定义任意类型的主数据。

★识别——快速匹配和准确识别重复项目。

★解决——合并以创建可靠、唯一的真实来源。

★联系——揭示各类主数据之间的关系。

★治理——创建、使用、管理和监控主数据。

MDM 提供业务用户和数据管理员可访问的强大接口，从而实现完整的数据管理和数据异常处理，可以轻松浏览不同主数据实体中的多层次结构。

七、元数据管理

元数据管理（Metadata management）包括业务词汇表的发展，数据元素和实体的定义，业务规则和算法以及数据特征。最基础的管理是管理业务员数据的收集、组织和维持。对技术型元数据的应用，对主数据管理和数据治理项目的成功至关重要。

元数据是"所有系统、文档和流程中包含的所有数据的语境，是生数据的知识"。换句话说，如果没有元数据，组织 IT 系统中收集和存储的所有数据都会失去意义，也就没有业务价值。

要想获得元数据的价值，需要根据建立的流程、在行业标准和最佳实践指导的范围内管理元数据。元数据管理是一项和主数据管理、数据治理一样重要的功能，因为元数据管理是这些准则的基础组件。不管理好元数据，是不能管理好主数据的。另外，组织部署了数据治理项目，但没有解决元数据管理问题，仍然获得了成功，那是因为很多数据管家执行的活动和任务在聚焦元数据和元数据的管理流程。

第二节　高职教育校本数据中心的基本内容

一、校本数据中心标准

中国的数据中心概念最早萌芽于阿里巴巴，阿里巴巴的云计算"数据中心"灵感来自芬兰一家名字叫"Supercell"的游戏公司。这家公司看似很小，却拥有一个超级强大的数据技术平台来支持很多小的游戏团队进行游戏研发工作，专注研发创新，不用担心基础架构不稳定和游戏运行中至关重要的技术支撑问题。基于此，阿里巴巴把这种思维路径应用到阿里的企业信息化运行之中，从而构建了一个计算和存储资源整合及能力沉淀冗余的超级信息化支撑平台，对企业内部不同的部门进行总协调和支持，从此我国首个"数据中心"应运而生。

二、校本数据中心逻辑架构

近年来，随着职业教育信息化技术的发展，《教育部办公厅关于建立职业院校教学工作诊断与改进制度的通知》的出台，职业院校教学诊断与改进工作相继开展，大数据成为国家衡定各高职院校教育教学质量的量化指标，这在很大程度上推动了高职院校数据中心的发展建设。而基于"内部质量诊改"工作的校本数据中心平台建设进入了快速发展的黄金时期，其建设规模以及实体服务器、安全产品数量逐年增长。

高职院校数据中心建设要求利用现代网络信息技术全面建设学校的各业务应用系统，并且整合和优化全校的应用系统资源数据，为高职院校的人才培养建设工作状态数据对接搭建综合管理平台，建设学校的教学管理系统、学工管理系统、科研管理系统、人事管理系统、资产管理系统、财务管理系统、后勤服务管理系统"七元一体"统一的数据仓储、数据清洗、数据交换、数据共享的功能，并且具有各种预警功能和数据分析功能的校本数据中心综合服务平台。

第三节　高职教育校本数据中心的特征

高速发展的高职教育教学的服务和网络安全，对 IT 系统的高标准要求也给数据中心建设提出了更严峻的挑战。高职院校的数据中心建设要在智能控制、绿色节能、低碳环保等概念方面重点考虑。新一代的智能数据中心通过自动化环境控制系统、服务器虚拟化、存储虚拟化的资源整合模式，并利用新的用电、空调等能源管理系统，对数据中心管理的错综复杂、能耗大、运行成本高和信息安全等方面给予保障，实现高效节能、绿色环保、便捷管理的新一代智能模块化数据中心。

由此可见，高职院校数据中心不但是一个能够实现学校数据资产化的集合体，也是一个新型信息与网络技术的 IT 架构。数据中心的核心理念是"数据来源于业务系统，应用于业务系统"，与传统数据平台相比新一代的数据中心对业务的积累和沉淀看得更重，数据中心从数据生产到应用的数据消费，消费以后再产生数据，这些数据再回流到日常工作流程中去，从而形成一个闭环过程。"所有的业务实现数据化，所有的数据实现业务化。"这是对高职院校新一代数据中心最简单精练的概括。

一、校本数据中心的建设原则

1. 实用

校本平台的建设首先要考虑实用性，在此基础上再考虑前瞻性及功能先进性，能切实满足高职院校实际业务工作中对数据的需求。

2. 安全

校本数据平台的建设应严格按照高职院校对信息安全体系的要求进行，应采用先进的技术手段和严格的安全机制，从而保障校本数据平台系统的数据安全、网络安全、应用安全及服务器安全，从而保障业务工作的安全性。

3. 可靠

校本数据平台的建设应满足业务应用得以可靠运行的原则要求，对于平台系统的关键环节，可采用可靠性方案进行软件和硬件资源的设计，保证系统运行过程中的高度可靠。

4. 可扩展

校本数据平台的建设应采用柔性可兼容性的设计方针，要具有良好的可扩展性和兼容性，以达到在业务处理过程中实现配置的灵活使用要求。

二、校本数据中心的四大职能

现代意义上的管理是指对一个组织所拥有人力、财力、物质和信息资源进行有效的计划、组织、领导和控制，用最有效的方法去实现组织目标。各管理学派划分管理职能的方法不一致，本节采用最常用的提法，把管理职能划分为计划、组织、领导、控制四种职能。

管理活动始终贯穿社会生活的各个方面，下面就结合我们在机房管理实践中的一些心得，谈谈管理四大职能在高职院校计算机机房管理中的应用。

（一）计划职能在机房管理中的应用

计划职能是最基本的职能，对于机房管理工作有实际指导意义。在高职院校计算机机房管理中，根据管理目标的不同，我们需要制订多种计划，如机房的布线计划、课程安排计划、维护保养计划等，在制订这些计划的时候，如果能够遵循计划制订的程序，就能最大限度地保证计划的合理性，让制订出来的计划更加严谨，更贴合实际。我们以制订计算机机房的布线计划为例，谈谈计划制订的程序。

1. 调查预测

要对组织的内外部环境进行一定的调研，包括教学模式和班级容量对机房的布局有哪些要求、准备放置机房的建筑物有哪些特点（层高、采暖方式、是否有防静电地板等）、机房的安全卫生工作对布线的要求等，因为万事万物都是在不断变化和发展的，因此在调查好内外部环境后，我们还要针对现有情况进行预测。

2. 确定目标

根据预测后的结果来确定我们的目标，在机房布线工作中我们的目标可以确定为：

在建筑物层高、机房布局和布线方案成本的约束下，保证线路的散热性和防水性，布线要利于日后的维护维修、卫生清理，还要兼顾美观、坚固，不能阻碍学生通行。

3. 确定前提条件

计划工作的前提条件就是计划执行时的预期环境，影响预期环境的因素很多，我们不可能兼顾每一个细节，因此要把关键性的影响因素找出来，作为计划中的关键前提。推行教学改革，翻转课堂、一体化教学、项目化教学等模式都有可能影响计算机机房的布局，进而影响布线的计划，这就属于关键前提。而偶尔承接的外来考试对于机房布线形式的影响，因其属于小概率事件，故可不将其作为计划工作的前提条件。

4. 确定备择方案

要根据目标和前提条件来确定几个可行的备择方案，在此阶段可以采用头脑风暴法，让参与者通过联想反应、热情感染、竞争意识和个人欲望来激发设想。然后再通过查阅相关资料、咨询相关企业、邀请专家指导、询问相关人员意见建议等方式获取必要信息，经过讨论、整理、修改后，形成几个具体的备择方案。我们在确定机房布线的备择方案前，首先对机房电源线和网线相关技术要求进行调研，然后对机房布线方式进行调研。根据机房的不同结构，可分为地板布线、吊顶布线、墙壁布线等形式。

为适应校区的建筑特点，为了实现防水、防火、利于维修等目的，我们又设计了两种新的布线形式：便于走线的电脑桌和 V 形线槽。将这些布线形式进行排列组合并初步筛选，可以得到几种功能、成本不同的备择方案。在确定备择方案时我们一定要尽力避免霍布森选择效应，任何好与坏、优与劣，都是在对比选择中产生的，必须制订出一定数量和质量的方案进行对比选择，最终确定的方案才有可能做到合理。

5. 确定最佳方案

在确定最佳方案阶段，可以采用价值工程法来进行各个方案的功能和相对成本的分析。价值工程指的是通过对产品或服务进行功能分析，使目标以最低的总成本，可靠地实现产品或服务的必要功能，从而提高产品或服务的价值。这里的价值，指的是反映成本支出与获得功能之间的比例，即价值＝功能／成本。

价值工程能将技术和经济问题有机地结合起来，不仅考虑某一方案的成本高低，某一方案满足各方面需求的程度，而是将两者进行一个综合的考量，通过比较各种方案的价值高低，来决定哪种备择方案是最适合笔者所在学院的实际情况的方案。运用价值工程进行计算机机房布线方案的决策的步骤如图 2-8 所示：

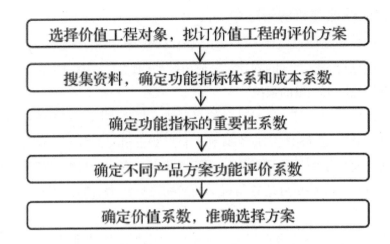

图 2-8　运用价值工程进行布线方案决策的步骤

根据备择方案价值系数计算结果可知，结合院区内的实际情况，计算机机房布线宜采用以下方案：总线槽采用吊顶布线方式，总线槽到电脑桌之间的布线可以沿着墙壁或是隐藏在墙壁里，电脑桌之间的布线采用"便于走线的电脑桌"后背板走线。如图 2-9 所示。

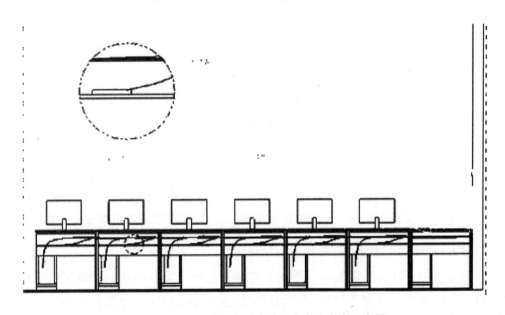

图 2-9　适合笔者所在学院的机房布线方案示意图

6. 拟订辅助计划

基本计划确定后要有辅助计划来指导操作，机房布线的基本计划完成后，需要与施工方进行沟通协调，制订相应的辅助计划来指导实际布线工作，如需要采购的材料的种类、数量、批次、来源，工人的数量及应具备的技能，资金的使用，施工的进度，监督人员的责任和权利等内容，都要在辅助计划中有所体现。

（二）组织职能在机房管理中的应用

组织职能的目的是通过设计和维持组织内部的结构和相互关系，使成员为组织目标协调工作。通过责、权、利的划分，完成组织架构设计、组织内部结构完善等工作，使组织形成有职位层次关系的系统。

机房由学院网络中心统一管理，并将机房统一规划在同一栋教学楼中，实现工作的专业化和部门化，这样的组织形态有利于新形势下机房的管理工作开展，有利于人员的统筹安排，有利于节约管理成本提高管理效率，有利于提高机房管理人员的专业水平，让机房管理者能够更好地参与机房的前期设计，为后期的管理和维护打下坚实的基础。

在组织设计中要注意机房管理人员的管理幅度与工作的难易程度、标准化程度、组织与环境变化速度等有关，还要注意调动在机房上课的教师、学生和勤工助学学生的积极性，全员参与管理，才能收到事半功倍的效果。

（三）领导职能在机房管理中的应用

领导是管理者凭借其合法的职位权力和威信，自上而下地采取激励、指导、命令、指挥等手段，影响下属活动和工作，使之充分发挥积极性和潜力，更好地实现组织目标的过程。

一个完善的计划、精心设计的组织结构，如果没有领导去充分地发挥指挥、协调、激励作用，就会成为纸上空谈。领导者采用什么样的领导方式，与以下因素有关：领导与下属关系的好坏、任务结构紧密与否、职位权力大小、下属的成熟度等，领导者要根据具体的主、客观情况来确定自己采用什么样的领导方式。

在机房管理活动中，领导者不仅要协调内部关系，还要注意协调外部关系，作为计算机机房的管理者，要避免发生部门本位主义，机房的首要功能是要满足学院教学、培训的需要，因此要注意同各系、各部门、施工单位、供应商等组织之间的协调沟通，避免因为沟通不良产生分歧，影响机房的管理、建设，影响学院的教学、培训工作。

（四）控制职能在机房管理中的应用

控制是指由管理人员对实际运作是否符合计划要求进行测定，并促使组织目标达成的过程。控制要以计划为依据，计划要靠控制来保证落实。控制根据侧重点的不同可分为三种：预先控制、同步控制、反馈控制。这里以高职院校计算机机房软件管理为例来谈谈这三种类型的控制。

1. 预先控制

预先控制是通过掌握相关情况、规律、信息、趋势，预计可能发生的问题，未雨绸缪，防患于未然。在计算机机房软件管理中，常常会发生保护卡失效导致系统中毒、瘫痪、计算机蓝屏等故障，如果总是等出现了问题再去"救火"，就会出现影响教学、损坏软硬件、修复时间长等弊端，因此，预先控制就显得十分重要。

结合机房的用途（教学、培训、对外开放等），一般会将计算机的系统分为四个区，各区均安装常用软件，在此基础上前两个分区安装教学专用软件，第三个分区安装对学生开放用的软件，第四个分区为隐藏状态，为考试和培训备用。这样做能更好地满足各方面的需求，能大大减少软件变更所耗用的时间，如果某一系统发生问题，不会干扰其他系统的运行，只需将出现问题的系统用母机重传即可。

2. 同步控制

同步控制是指在工作进行时所实施的控制活动。机房管理人员要经常巡视机房，常与任课教师和学生沟通，及时发现问题，及时纠正偏差，不仅要采取应急措施，还要进行永久性的根治纠偏。比如机房的某一系统出现随机性死机，重启后就能恢复正常，但我们不能满足于此，还应该找出出现这种情况的根本原因。如果是因为某些软件存在问题、与系统不兼容，就应将有问题的软件卸载、重装；如果是因为病毒查杀不彻底，就应先关闭保护卡并更新杀毒软件，全面查杀硬盘后再重新启用保护卡；如果是因为学生操作有问题，就应该教给学生正确的操作方法。做同步控制不能头痛医头脚痛医脚，做好再发防止工作，才是正确的控制方式。

3. 反馈控制

反馈控制也称事后控制，是工作或活动完成后进行的控制活动，是把实行计划的结果与目标比较，找出偏差，寻找原因，保证以后的工作中能加以改进。可以在每学期的期末进行反馈控制，看看本学期初的管理目标是否已经达到，机房管理过程中出现了哪些问题，是怎样解决这些问题的，解决的成效如何，以后如何预防这些问题的再次发生。

第三章　高职教育校本数据中心的建设经验

第一节　某高校 A 校本数据中心

一、理念

目前大部分高校通过前期"数字化"校园建设，基础服务平台、各类信息系统的建设已逐步完成。同时，也积累了大量业务数据，随着数据量的不断聚集，数据驱动的业务、决策已经成为学校的基本活动，因此高校对于数据的要求也越来越高。而高校数据中心作为全校数据服务的支撑来源，一是要求数据精细化，二是要求数据全面化。精细化体现在高校的数据治理上，逐步建立和推进数据管理制度。数据全面化表现在除了对基础的主数据进行交换共享，高校还能够普遍重视师生在各种活动中产生的过程性数据，如学生成长数据、学习轨迹数据、科研过程数据等。

二、建设现状

学校作为数据产生、拥有和使用的主体，数据的价值若得不到充分开发利用，管理水平就难以提升，重要决策就难以支撑，"智慧校园"的推进也难以获得明显的成效。

数据中心生态体系架构设计如图 3-1 所示，通过数据治理工作，构建具有合理、规范、可持续提升的数据规范体系，建设全量数据中心，打造全量数据中心、指标库、模型库、主题库，通过共享与交换体系，为数据流通提供交换与开放平台，并以数据质量平台核检数据，积累数据资产，真正达到数据的准确性和权威性。高校数据中心生态以数据赋能学校当期和未来所有的信息化建设，盘活数据和应用生态，挖掘数据价值，释放数据红利。

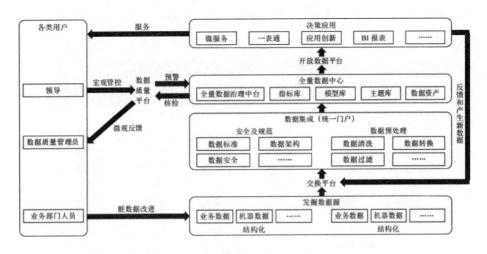

图 3-1 某高校 A 的数据中心生态体系架构设计

三、模式及程序

（一）数据集成

学校根据国家、教育部数据标准，结合现有的业务数据，形成符合实际需求的数据标准，涵盖了学生管理、教学管理、教职工管理、科研管理、财务管理等多个数据子集如图 3-2 所示。

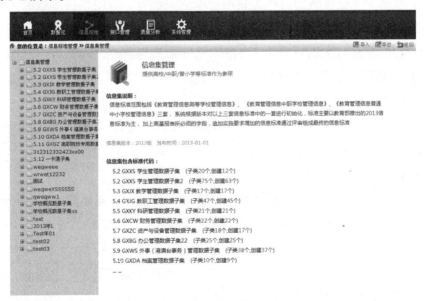

图 3-2 数据标准集

学校业务数据不规整，存在缺失、散乱的情况，而且存在的类型多样化，格式不一致。在填写和录入业务数据时，也缺乏严格的数据质量检查。统一数据集成把各种纷繁复杂的数据系统集成在一起完成特定业务，建成"统一门户、统一身份、统一数据"的"智慧校园"综合服务平台，如图3-3所示，打通"信息孤岛"，实现系统集成。

图3-3　智慧综合服务平台（统一门户）

对于未来新建设的系统，也要求具备从标准规范制定、数据准入规范制定、数据全量采集抽取、数据集中治理、数据共享交换等全流程的数据接入和共享能力。

（二）全量数据中心

1.全量数据治理中心

数据治理是一个整体概念，作为数据管理的一部分，目的是将零散的、无规则的数据治理成符合统一标准、有秩序的主数据，为形成有效数据资产奠定基础。全量数据治理中心的建立，实现自动化/半自动化的采集与治理，降低对于数据库语言或Hadoop组件的依赖，提升数据治理的效率。通过高速的数据采集，历史数据、实时数据的共享，形成全量数据仓库，覆盖全校所有信息系统、应用和服务数据。在全量数据仓库的基础上建立数据分析模型，提供数据的查询、统计、分析和深层次数据挖掘，为各级领导提供智能决策支持。

2.指标库

建立统一的指标库，能够优化数据的采集和审核流程，提高输出的有效性。学校以8字形质量改进螺旋运行机制为引导，对学校指标层面（学校、专业、课程、师资、学生）和维度（学校、二级学院、部门、专业、课程、班级、教师、学生等）建立指标库。先将数据从教务系统、一卡通系统、学工系统等业务数据原始仓库中抽取、转换，加载到全量数据中心，对数据的一系列预处理（包括数据脱敏、清洗、数据校验、删除/增加数据项、合并数据等）后，设定指标，添加数据标签。作为之后教学评估、课程推荐等各类场景建模的基础，辅助完成形象刻画、精准推荐等分析及决策使用。

3. 模型库

集成 scikit-learn、SparkMLlib 等机器学习和深度学习框架，封装成统一接口，建立带有预训练权重的深度神经网络模型进行模型演练。建立精准推荐模型库，能够收集学生在 E 学堂浏览课程资源、借阅图书记录、学生专业学业需求（比如课前预习、课中测试、课后辅导），分析学生特征动态，在登录、浏览或查找教务系统、图书系统及学习中心时，推荐合适教辅书籍和课程资料给学生。后期学校继续对学生成绩、行为轨迹、上网状况等建立相应的模型库，充分挖掘学生的群体行为，识别学生发展的重要阶段及知识需求。

4. 主题库

完成历史数据清理与积累入库，建立学校主题数据仓库，通过数据挖掘、大数据分析等技术，跨业务部门，关联多个数据源，按照特定目的进行数据的筛选、拆分与组合，获取更有价值的分析结果。比如，通过一卡通消费、教务、上网日志、图书、宿舍通道等数据，构建学生个人画像、精准扶贫等多种主题数据库，提升学生管理工作水平。

（三）交换共享与开放体系

目前高校的数据工作主要是结构化业务数据，但结合当前、未来分析以及应用的需求，仅仅有结果性的业务数据无法完全满足的。比如构建学生画像时，就需要用到海量日志数据；对与学校相关的舆论进行分析的时候，又需要从互联网上爬取相关的贴吧、微博、论坛等互联网数据。这几类数据也属于学校的全量数据资产体系，因此需要交换共享平台在底层对结构化和非结构化数据都具有处理能力。同时，针对上层所有的数据需求，提供统一的数据开放平台，不仅能够实现数据治理成果的复用，也能够实现对于底层技术细节的屏蔽，从而让高校"智慧校园"生态中的用户群体都能够便捷地获取到各类数据服务，提升高校信息化建设的效率。

（四）数据质量平台

数据的有效性至关重要，以"一数一源"为准则，明确数据的质量责任。在对业务数据进行采集时，从技术上对数据前置库进行相应的安全检核，对即将进入目标库的数据进行校验标记，对不符合安全检核的数据进行警告设置，支持短信、微信和邮件等手段推送预警信息，全面把控数据质量。同时，形成直观的图形化数据质量报告，展示全校或者某个业务系统的数据质量情况。

（五）决策分析应用

经过多年的信息应用系统建设，无锡商业职业技术学院从各类应用系统中提取数据进行管理、整合、分析和利用，发现潜在问题和有价值的规则，并直观地展示出来，不仅可以为校园师生提供便捷、高效、精准的个性化引导和服务，而且能为学校开展精准化、智能化师生服务提供数据支撑。

1. 数据"一表通"

如图 3-4 所示,"一表通"面向教师、学生提供统一收集数据入口。针对各个业务系统存在重复填报的问题,通过一次填报,反向推送数据到其他业务系统、辅助师生准确而高效地完成学校各类报表的填写和上报工作。

图 3-4 "一表通"平台

2. 内部质量保证信息化平台

内部质量保证信息化平台如图 3-5 所示,基于学校领导、分管领导需求,站在宏观管理的角度,将主要业务问题和宏观关键指标直观实时地展现出来。结合人才培养质量保证体系建设,建立以"学科"为中心的资源库、共享库,对学科数据进行统一管理、自查、评估、对标分析、资源调配。深入研究分析教学过程数据,生成教学质量报告,对学生实行差异化教学,满足学生的个性化发展。

图 3-5 内部质量保证信息化平台

3.校本主题数据中心

校本主题数据中心如图3-6所示,提供优秀的个性化服务。整合学生在学习通系统、教务系统、一卡通系统、上网日志、图书系统、宿舍通道等多个数据源,与学生个人基本信息进行绑定,在此基础上,从不同维度刻画学生形象,分析学生的在校行为特征,不仅便于精准定位异常人群,而且以"大数据+画像技术"服务于个体精细化管理。

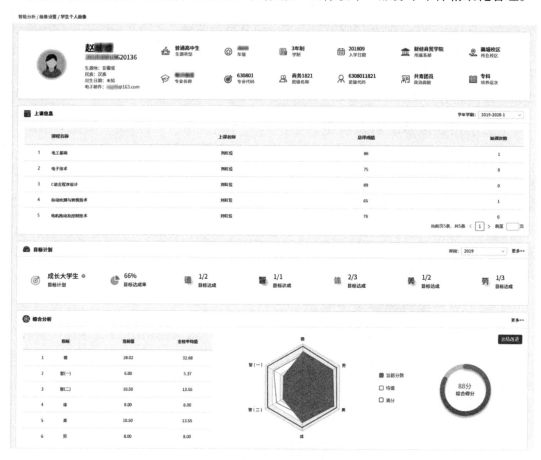

图3-6 校本主题数据中心

四、思考

(一)完善制度管理及保障体系

为全校师生提供安全可靠、完整统一的数据信息,将制定更全面的数据管理办法。从数据分类、数据维护、数据存储、数据使用与服务、数据安全等各个方面,建立有效的信息系统数据共建、共享体系。建立"谁产生、谁维护、谁负责"的数据质量监督评价机制,业务部门承担管理数据质量把关责任,确保源头数据真实、准确、完整、及时,提高数据质量和利用效率。组建领导机构,加大统筹规划、制定政策、资金投入等各方面的力度，引进各类型的大数据技术和软件，开展校企合作共同研究与探索模式，更进一步地发挥数据的作用和功能。

（二）加强技术培训及安全管理

通过培训工作的开展，强化每一位技术人员在信息化方面的能力，尤其是建设数据人才队伍的梯队，打造专业、灵活的数据分析团队，找到校本数据研究分析成果的新视角，为教学和学生服务提供策略指导。随着数据的进一步挖掘，越来越多的敏感数据、核心数据也会呈现出来，为保证数据的安全性、规范性，要求每一位数据管理者要增强安全管理意识，提高数据安全防范能力，分角色、分用户地赋予不同权限，提供相应的数据服务。

（三）拓展数据服务及模型

通过数据挖掘、大数据分析等技术，不仅多维度地对学校、学院、专业、教师、学生、课程等刻画"用户画像"，而且对于教学活动、业务流程和技术技能积累也要进行过程画像。集中有效地管理各类数据资源，提升数据质量，为高职教育教学诊断诊改建设提供数据支撑。针对不同主题建立更多模型，如网络数据分析模型、学生安全预警模型、教学活跃度转化模型等，以数据为原料，给出分析结论、预测结果等，发挥数据在学生服务、行为干预上的价值。

（四）支持多终端来源及显示

数据采集时能够对结构化、非结构化数据一网打尽，数据治理时能够具有更强大的计算能力、智能化处理能力、预测能力。打破传统业务系统边界，推进业务系统微服务，以移动端为载体，构建一个健康、开放、可持续的移动校园数据新生态。

第二节　某高校 B 校本数据中心

一、理念

某联合大学校园网络建设目标：依据国内外高校信息化发展趋势和学校"十二五"建设规划，以网络技术、云计算和物联网技术为核心，充分利用先进的感知、协同、控制等信息化前沿技术，优化基础资源配置，为广大师生提供便捷的信息化服务，为管理人员提供高效的信息化手段和科学的决策依据，实现绿色节能、平安和谐、科学先进的校园信息化环境。

（一）建设统一管理、分级授权的云数据中心

建设一个能容纳全校 IT 基础设施的数据中心机房，实现计算资源的集中管理。在基础硬件环境的基础上，建立基于物联网、云技术的大型云数据中心，吞吐可达 40~100G，为每个虚拟服务器群提供 10G 吞吐，采用冗余结构保障数据安全和应用稳定，利用大容量存储构建虚拟资源池，同时实现服务器的虚拟化部署和数据的安全保障，这样可最大限度地把服务器、存储等网络资源集中起来成为一个资源池，根据用户需求来灵活配置资源，最终通过网络交付给终端用户使用。

（二）建设多业务融合、智能安全的高速互联网络

建设具有多业务融合、智能安全的高速互联网络，采用开放式、标准化、自愈型的层次化系统架构，全方位兼容 IPv4/IPv6 协议，对外实现高速、可控的 Internet 互联，对内实现快速、稳定的信息传输，支持有线无线网络、物联网、3G 移动网、云计算网络、卫星接入网等多种业务型网络的"3A"（任何终端、任何时间、任何地点）安全接入，实现传输网 - 数据网、有线网 - 无线网、通信网 - 智能网等各种网络的可视化分级统一管理，为学校的科研、教学、管理提供必要的技术手段，为研究开发和培养人才建立良好的信息环境平台。

（三）建设统一认证、智能物联的统一识别系统

建立基于人与物的统一识别系统，综合单点登录、身份认证、一卡通、物联网等技术建设一个校园基础物联数据平台，并为智慧校园的各种应用提供开放、标准和兼容的数据接口。

统一识别系统主要由校园一卡通、统一认证平台、物联网 RFID 识别系统等构成，其中校园一卡通主要实现三大功能；一是实现整个智慧校园的统一身份认证和授权；二是实现师生消费的统一支付；三是实现智能化管理，如考勤、门禁、图书借阅、停车等。统一认证平台实现基于单点登录的在线业务系统的身份认证和分级授权，如教务系统、OA 系统等登录和用户身份识别。物联网 RFID 识别系统可实时采集、记录各种软、硬件资源的位置、状态和使用情况，如车辆、路灯、重要设备、楼宇建筑等。

（四）建设实时监控、积极防御的人性化平安校园

结合物联网感知技术与现代视频监控技术，建设数字化、网络化、智能化的平安校园，从视觉系统和感知系统等多个方位延伸校园的安全预警系统，通过部署音视频、图像、传感数据的智能分析和控制系统，提高监控效率；通过感知系统传感网（红外传感器、激光传感器、烟雾火情探测器等）的异常情况，协助工作人员处警。结合校园 GIS 系统，建立安全监控、校园巡更、消防安全和智能交通等为一体的立体化安全应急体系，提供校园及周边地域的三维实景模拟地图，以立体形式全面展现校区重点区域，遇到突发事件可以通过视频内容及 GIS 系统进行车辆和人员的定位及调度。

（五）建设实时感知、绿色环保的节约型校园

基于物联网识别和感知系统，建立节约型校园能耗监管体系，实时监测能耗数据，建立用能设备的监控系统，实现楼宇用电、用水、用气、空调的远程集抄和实时控制；建立基础设施资源综合管理系统，结合物联网识别和一卡通系统进行公用房资源使用监管，实现校园路灯控制、中央空调节能管理、环境质量监控、自行车租用等；通过智能分析系统，开展能源审计和能源公示，实现校园的节能减排，建设绿色环保的节约型校园。

（六）建设一站式、多功能的服务型校园

建设基于统一呼叫中心的校级运维服务中心，该中心将是一个集网络监控、服务器监控、业务监控、安防监控、消防监控、多媒体教室监控、水电动力监控、能耗监控等于一身的多功能运维服务中心，设立统一服务呼叫电话，通过各个系统或部门的座席代表对外提供一站式的标准化服务。

在管理层面，建设基于高度数据一致性、数据共享的集成应用系统环境（如综合教务管理系统、OA办公系统、人事管理系统等），通过统一门户实现单点登录和数据集中呈现；建设学校管理数据决策支撑系统，为学校领导层决策提供直接的数据支撑依据。

在终端层面，建设校园自助服务系统，实现教学、科研、管理和生活的在线自助服务，支持电子预约、电子支付、电子转账、实时信息查询、校园导航、自助图书借阅、自助打印复印、火车订票、健康体检等多种自助服务功能，提供基于自助终端机、电子触摸屏、PC、移动手持设备等多种终端形式。

（七）建设智慧型、个性化的教学研究空间

通过建设数字图书馆、公用计算机房、数字化多媒体环境、便携的数字办公和教学环境、数字学习空间、基于云计算的科研服务平台、科学分析测试中心、多人智能沉浸式视频会议终端等系统，为教学和科研提供个性化的交互式信息环境。

二、建设现状

本次针对河北联合大学的数据通信网络进行整体规划，其中包括主校区有线校园网络和无线网络的建设，同时包括冀唐学院有线和无线网络建设。建设完成的校园网络可满足全校5万师生的正常使用，为学校后期的办公、教学、应用提供高性能、高稳定、高安全、高管理的智慧校园通信平台。

（一）设计原则

1. 先进性组网

有线采用千兆接入，万兆上联设备组网，骨干网及出口边界设计保证转发无瓶颈，满足今后 5~8 年的发展要求。无线采用 802.11 标准进行组网，802.11ac 千兆接入能力，满足移动校园应用的使用要求。

2. 高可靠骨干设备及互联链路

设计采用高可靠网络设备和高可靠链路备份，保证校园网高速、稳定运行，提升用户体验。

3. 有线、无线统一认证

当校园网同时具备有线校园网络和无线网络接入能力时，设计方案可实现统一认证管理平台，集中管理用户认证策略，保障网络安全，提高部署灵活度，降低管理难度。

4. 全网智能管理

设计针对有线、无线网络平台中的网络设备进行智能化管理和维护，减少后期使用阶段维护人员成本，实现智慧校园管理。

5. 建设完整移动智慧校园门户开放平台

2015 年开始，校园网建设趋势为教育"互联网 +"，本次设计方案，除了采用高性能设备和高稳定、可扩展的网络架构，同时也考虑到智慧校园网应用层建设，为河北联合大学提供一个有用、好用、安全、可靠的移动智慧校园信息化入口。

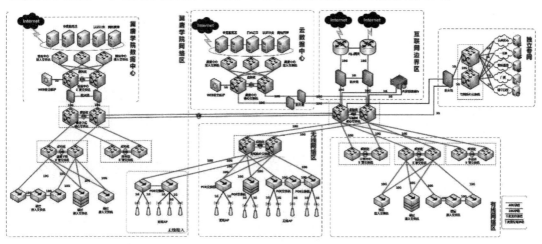

图 3-7　网络拓扑图

上图 3-7 为河北联合大学全网网络设计拓扑图。整个园区网络规划包括：有线校园网、无线校园网、宿舍网、云数据中心网络、互联网边界区域以及独立专网（包括安防网络和融合专网）六个子网（图 3-7）。

组网标准：有线校园网接入设备采用千兆接入，万兆上联；无线 AP 同样采用

802.11ac 千兆接入标准。所有汇聚设备采用全万兆进行部署，其中，冀唐学院网络汇聚层设备部署在区域传输机房内。核心层设备为了保证转发收敛比，要求采用至少支持 40G 接口的高端交换机，其中，骨干网核心层设备部署在图书馆东辅楼的数据中心机房内，冀唐学院网络核心部署在冀唐学院信息楼机房内。

高可靠性：核心交换机、汇聚交换机等主要网络设备通过虚拟化提高设备性能和高可靠性，骨干设备（核心层、汇聚层）与链路均为冗余设计，实现稳定、可靠的高速校园网络。

统一认证：同一用户无论采用有线 pc 进行登入，还是无线移动终端进行登入，均采用相同用户名密码；有线校园网建议采用准出认证，无线校园网建议采用准入认证，且同一用户的多个终端均需单独认证，且认证系统与多家网络运营商实现对接。

智能管理：部署可视化管理系统实现对整个智慧校园的统一运营、监控和管理，如实现接入交换机的统一配置下发，简化维护管理并且具备无线优化工具，保证优质覆盖。

移动数字化平台：基于无线校园网络，进行校园业务推广，为师生提供高效的消息通知、便捷的查询服务、统一的服务登入门户。

全网用户 IP 地址采用 DHCP 自动分配与静态 IP（业务网段使用）相结合，通过日志服务器对 DHCP 地址分配日志、无线准入认证、有线准出认证及用户上网行为日志进行记录（存储 60 天以上），达到网络实名制要求与网络行为可追溯性。

（二）子网及边界描述

有线校园网络、无线校园网络区域为校园网用户提供内部日常通信及互联网访问，即一般意义上的校园网。

有线校园网骨干层（核心层、汇聚层）采用统一的 OSPF 动态路由协议，接入层采用二层 VLAN 划分及相应的安全限制。冀唐学院有线校园网独立管理，部署两台核心与主校区核心相连。

互联网边界区域实现校园网内网对互联网的访问，即一般意义上的出口网络。具有计费认证、行为审计、安全防御、多链路负载均衡、NAT、智能 DNS、流量监控、缓存加速等功能，并尽量降低网络直径和单点故障对出口网络的影响。宿舍网独立建设，连接各个学生宿舍，宿舍网络与校园网统一运营或与运营商、第三方公司合作运营。宿舍网核心交换机通过光纤与校园网核心交换机连接，学生可通过校园网访问内网，通过运营商网络访问互联网，同时审计上网行为与日志。

独立专网主要包含安防监控专网和融合业务专网，其中融合业务专网包括一卡通、数字广播、楼宇自控（能耗监测）、信息发布四个通信平台，且各平台之间逻辑隔离。一卡通平台主要承载消费结算、门禁管理等业务；安防监控平台主要承载校园安全防范系统业务；数字广播平台主要承载校园广播、上下课打铃、消防报警联动等业务；楼宇自控平台主要承载建筑智能化监控、机房动态监控、地下管网系统等业务；信息发布平台主要连接各个建筑内信息大屏实现信息内容显示等功能。各独立平台通过VRF、边界交换机及防火墙（具备静态 NAT 功能）与校园网实现可控的通信。

（三）子网间路由规划

校园网骨干网部署多区域 OSPF（Open Shortest Path First 开放式最短路径优先）动态路由协议，通过策略优化减少设备内路由条目。在校园网与冀唐学院网络分别部署 OSPF 路由协议。

校园网核心层部署在 OSPF 骨干域 area0（使用 Loopback 地址）内，无线接入区域连接端口部署在 OSPFarea 内，校园网各汇聚区域均分别部署在不同的 OSPFarea 内。

学院网络核心层部署在 OSPF 骨干域 area0（使用 Loopback 地址）内，该学院网络各汇聚区域分别部署在不同的 OSPFarea 内。

为方便网络维护主校区汇聚使用 area10-19，分院网络汇聚使用 area20-29。

引入互联网边界区域缺省路由并发布到校园网 OSPF 域内，采用静态路由引入的方式将云数据中心路由引入 OSPF 域内。云数据中心网络通过静态路由规划 Internet 网与校园网访问。独立专网经 NAT 后利用直连路由与其他网络通信。通过路由引入将本校区与该学院网络路由在两个 OSPF 域内重新发布，规划示意图见图 3-8：

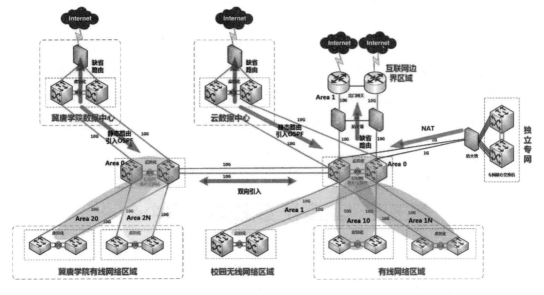

图 3-8　路由示意图

三、思考

随着网络信息技术被引入教育领域，校园网在现代教育教学中扮演的角色越来越重要。一方面，校园网极大地丰富了教学内容、改变了教学形式，有力地促进了教育模式、教育观念的变革。另一方面，校园网深化了校园内部的资源共享，加强了师生之间的信息交流。与此同时，校园网也是各大高校发布信息、招生引才、展示学校魅力的一个重要平台。

本节以河北联合大学为背景，深入研究讨论了高校校园网普遍存在的问题。教育事业的高速发展，使得高校的建设速度也在不断加快，楼宇建筑、师生数量的增多以及对信息化需求的加大，许多高校的校园网已经不能满足学校日益发展的信息化建设的需要。

联合大学的现状进行了需求分析，结合高标准、远规划的先进性、高可靠、统一认证、智能管理的原则给出了一套校园网建设的总体规划建设方案。按照此方案，从校园网规划建设主要部分进行阐述，对校园网各部分进行了详细的规划和设计，包括校园网拓扑结构的确定、核心层的设计、汇聚层的设计、接入层的设计、无线校园网的设计和其他专网的规划建设。在网络接入层，给出了多套可行方案，并阐述了各自的优缺点。校园网的云数据中心是未来高校校园网的核心和重点，本节从云平台建设、云平台设备互联、VLAN 规划、P 地址规划以及管理、存储、设备互联地址规划都给出了详细的规划设计方案，重点对云平台的路由规划设计方案进行了详细阐述。

互联网技术飞速发展，日新月异，校园网用户的需求势必越来越高，网络规模也势必越来越大。本方案是在对河北联合大学网络状况进行了大量调查研究和详细分析的基础上设计出来的，并支持校园网的进一步改造和升级，同时也可为其他高校校园网的建设提供了参考依据。

第三节　某高校 C 校本数据中心

一、理念

随着《教育信息化 2.0 行动计划》的施行，教育信息化建设，正式迈进"大平台应用、打造信息化素养和创新融合发展"全新阶段。人工智能、大数据和物联网等新型信息化技术，将引领校园场景实现"空间管理和教务管理"的智能化跃迁。

二、建设现状

该校拥有两个总面积达到 240 平方米符合 B 级标准的数据中心机房，两校区数据中心通过双线路进行万兆互联，实现业务共享和异地容灾备份。数据中心配备了双路进电、一主一备的大功率 UPS，总负荷超过 200kW/H，标准化机柜 56 个，机房精密空调 3 台，总制冷量 130kW，七氟丙烷专业气体消防系统 3 套。实现了实时监测机房安全、温度、湿度、视频监控、烟雾、电流、电压、门禁、UPS 电池充放电及空调等全状态环境监控和手机端自动报警。各类服务器 100 余台，存储阵列 10 套，其中光纤存储阵列 6 套，存储容量 1.2P。实现了实时管理、监测、存储、容灾备份、资源虚拟化管理，建立了完善的安全保障体系。

建设有 20 台双路刀片私有云核心业务计算节点（计算节点达到 320CPU 核，内存 10240G，SSD 超高速存储 100TB，SAS 存储 1PB，虚拟机 300 余个），系统基于云技术的虚拟化平台，实现了计算、存储和网络资源的虚拟池化。平台为学校数字化校园平台等核心业务提供坚实的计算资源支撑。同时，为校内各单位开放应用托管服务，有效节省了服务器的采购成本和运行管理成本，有 50 余台托管主机，支撑各类信息系统和网站 200 余个。

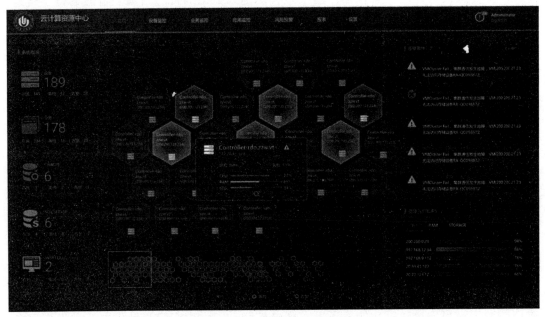

图 3-9 云计算资源中心模块

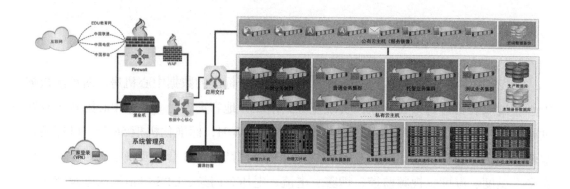

图 3-10 数据中心系统架构

三、模式及程序

基于人脸识别大数据的智慧公寓、智慧通行、智慧图书馆、智能会议、智慧考勤、数字化迎新、智慧餐厅等系统，并搭建了一体化的智慧校园体验馆，让同学和老师对AI校园场景有全面的了解。

近期，C大学完成了一体化校园建设的全部工程，智慧校园管理系统已上线 100 多项功能模块，500 多个数据监测点，在全国的高校信息化建设中堪称典范工程。

C校智慧校园建设主要包括：基于人脸识别大数据的智慧公寓、智慧通行、智慧图书馆、智能会议、智慧考勤、数字化迎新、智慧餐厅等系统，并搭建了一体化的智慧校园体验馆，让同学和老师对 AI 校园场景有了全面的了解。

1. 智慧校园人脸识别特征库平台

人脸特征识别平台建设的基础是校内人脸库，通过每年学生招生录取、教职工入职，可将师生照片采集到校内人脸照片库。基于全校的师生照片数据，搭建出灵活、易维护的人脸特征识别平台，并支持对全校提供开放的人脸识别 API 服务。

人脸识别特征库的建立，除了提供人脸注册、人脸更新、人脸删除、人脸查询等基础功能之外，还可提供对人脸应用的管理，包含完善的数据统计、报表推送、系统接入管理、权限管理等多种功能。

2. 智慧公寓管理系统

基于人脸识别技术的宿舍管理系统，可实现人脸识别通行管理，实时查寝、晚归、未归、在宿统计，在线报修、选宿管理，访客管理，陌生人预警，大数据分析屏，多维度数据定时报表推送等功能，还可实现电控联动，学生归寝自动供电，学生离寝自动断电，使宿舍管理与用电管理业务更加智慧化、规范化、便捷化。

3. 智慧通行管理系统

考虑到传统校园卡的易代刷、易伪造、易丢失等问题，已经无法适应智能化的通行场景，人脸作为天然的 ID，正在逐步替代卡，达到安全、高效的通行体验，将权限审批、测温与通行逐渐融合，实现人员审批、测温、通行一次完成。

通行管理系统还可以进行人员考勤签到、访客管理、通行权限下发、陌生人轨迹追踪，并且可通过校园云平台联动预警，实时将异常信息、考勤信息等数据实时、准确发送至校园管理人员处，可以及时发现、及时处理。

4. 智慧图书馆管理系统

基于人脸识别技术的图书馆管理系统，可实现图书馆的通行管理、人流量统计管理、预约管理、区域权限管理、数据统计信息管理、在场时长管理、借阅信息管理、限流管理等多种功能。

该系统除了能为管理人员提供出入口人流量数据信息之外，还能获得更详细的分析报表，包括读者性别、年级、院系、专业等个性化数据，以及各个时间段（天、周、月、考试期间）的读者到访数据，通过对读者的基础数据进行挖掘和分析，提供各种可视化图形和报表，协助学校实施有效管理和提高服务质量，为合理分配服务与管理资源、科学调度、安全保障提供了可靠依据。

5. 数字化迎新管理系统

基于人脸识别技术对学生身份进行核验，通过对新生现场人脸照＋身份证＋学籍信息三重认证，1秒快速验证，能大大降低人工工作量，避免人为失误的发生，较传统核验效率大大提升。

报到当天，只需在现场轻松"刷脸"后，即可直接办理选宿、入住、购买寝具、在线缴费等功能，实现了"1分钟"办理完结，报到现场高效有序。

系统还具有体温检测、体温数据统计上报等一系列功能，可实现"无接触"地完成学生的身份验证及返校信息采集工作。核验完成后还可在后台形成统一规范的学生数据信息，实时进行大屏展示。

6. 人脸识别会议管理系统

通过人脸识别技术进行会议管理。不仅限于会议"刷脸"签到，在系统控制台中，可以一览系统的可视化数据平台，包括会议数量、应参会人数、通行记录数、会议缺席人数、陌生人识别次数、职务部门数据比例图、通行时段数据波形图等。

另外，还有人员权限管理、参会预约、会议时段、会议室维护、移动端会议通知等功能，可与整体监控系统联动，设置区域迎宾语提示，给参会嘉宾带来更加便捷、贴心的参会体验。

除了以上各种平台之外，还有人脸识别访客管理系统、人脸识别餐厅支付系统、课堂考勤系统、智慧考场系统、智慧停车系统、可视化大数据监控中心、安防综合管理平台等多个系统。

四、思考

该校的数据中心集技术与产品的研究、开发、服务为一体，以智慧校园工程中的共性关键技术为核心，通过大数据技术、数据挖掘技术、人工智能技术、物联网技术和管理信息系统进行有效结合，提升以管理信息化为主要特征的智慧校园技术和应用，在智慧学习、智慧管理、智慧后勤、智慧家校联系、智慧师生桥梁等领域开展研究，面向教育机构和相关企业开展成果推广和转化。

成立工程技术研究中心依托学校信息化管理中心建立，成员来自电子信息工程学院、计算机与通信工程学院、软件学院等多个院系单位，全部具备高级职称或硕士以上学位。学校是河南省所有信息化试点项目的首批高校，2014年成为首批河南省高等学校智慧校园试点单位。工程技术中心目前已经在智慧校园的宽带泛在网络、智能融合应用、大数据服务及体制机制方面取得了突出成效。

第四章　数据中心建设思路

第一节　数据字典、数据标准建设

如今，针对海量数据的检索查询主要依赖于数据库技术，通过数据库索引可以极大地提高数据查询检索的速度。利用构造唯一性索引能够保证数据表中特定数据的检索唯一性，显著减少查询中分组和排序的时间。然而创建索引以及对所索引的维护往往耗费大量的存储空间和时间。为了降低因数据量的急剧增加引起的检索效率的下降，本节提出基于多种数据字典建立检索策略的方法，提高检索效率，减少不必要的系统开销，从而对数据库检索提供一种思路。

一、数据字典梳理

（一）数据字典

数据字典 (Data Dictionary，DD) 是关于数据库系统中各类数据描述的集合。当今多数数据库管理系统均将数据字典作为定义数据库中各类数据对象及其相互关系的准则。空间数据库中的数据字典实质也是关系数据库中的数据表，其中记录的是空间数据模型结构的各项参数信息。描述一个数据模型时，要包括哪些子模式、子模式的结构以及各个子模式之间的关系和存在的约束规则等。对子模式的描述一般包括模式名、属性名、属性域的类型和长度、关键字信息等。对于不同领域的空间数据库结构模型，虽然各参数字典表中存储的数据不同，但由于各字典本身的结构是相同的，因而基于数据字典开发的应用程序是通用的，可以应用于不同的空间数据库模型管理。

数据字典数据字典是数据库中存储级的，也是访问数据库的接口。数据字典是构建数据库过程中不可缺少的组成部分，能够对数据库进行有效管理，对优化数据库结构有重要作用。数据字典能够在数据库设计阶段、实现阶段、运行阶段起重要作用，能够在不同阶段管理各种数据库信息。数据字典是各类数据描述的集合，能进行详细的数据收集和数据分析。其通常包含五个部分：数据项、数据结构、数据流、数据存储以及处理过程。

1. 数据项

数据项是数据的最小组成单位，若干个数据项可以组成一个数据结构。数据项的描述如下：

数据项={数据项名称，数据项说明，数据类型，数据项长度，数据项取值范围，数据项取值含义，数据项之间的逻辑关系}，其中"数据项取值范围""数据项之间的逻辑关系"是限制数据项的约束条件，是检验数据功能的依据。

2. 数据结构

数据结构主要表现了数据之间的逻辑关系。数据结构既能够由几个数据项构成，也能够由几个数据结构构成，也可以由数据项和数据结构共同构成。数据结构的描述如下：

数据结构={数据结构名称，数据结构说明，数据结构组成}。

3. 数据流

数据流描述了数据结构在数据库系统内传输的轨迹，数据流的描述如下：

数据流描述={数据流名称，数据流说明，数据流源，数据流去向，数据流组成，数据流平均流量，数据流峰值流量}。

4. 数据存储

数据存储描述了数据结构保存的位置，数据存储的描述如下：

数据存储描述={数据存储名称，数据存储说明，数据存储编号，数据存储组成，数据存储方式}。

5. 处理过程

处理过程描述了数据字典中对数据进行处理的过程性说明，处理过程的描述如下：

处理过程描述={处理过程名称，处理过程说明，处理过程输入，处理过程输出，处理过程说明}。

（二）多数据字典设计

1. 分词字典

中文按词索引和检索依赖于以字典为基础的分词算法。分词字典由词汇组成，分词字典的每个词汇具有语法属性，以提高分词的准确性。生僻词没有加到分词字典中的必要，通过其他检索方式也能检索。

2. 附加分词字典

附加分词字典是分词字典的补充。分词字典是主要包含一些通用的分词方式，但不包含一些专业词汇和特殊词汇。通过建立新的附加分词字典，并在创建数据库时指定引用该附加分词字典，系统进行分词时将分词字典以及附加分词字典的词汇同时纳入考虑范畴。

3. 排除字典

排除字典，主要由一些没有实际意义的高频词构成，如英文文献中的冠词"the"、介词"to"、连词"or"等词，中文中的"的""但""而"等词。从语义来看，这些词没有实际检索意义，但属于高频出现词，经常会占用大量检索资源。通过索引过程使用排除字典，能够去除很多没有意义的高频词，降低数据库的空间占用资源、提高检索效率。

排除字典主要包含标点符号、高频副词等，排除字典在创建数据库时引用。当需要过滤更多的无意义词时，可通过创建附加排除字典来实现，在4中有所体现。一个词是否适合作为排除词，要与该数据库的领域相结合，如在数据库领域的文献中，数据库可以视为排除词，因为在每一篇文献中几乎都会出现该词，没有实际检索意义。

4. 附加排除字典

排除字典是通用领域的数据字典，不包含特殊领域的无检索意义的词汇。附加排除字典是排除字典的补充。通过建立新的附加排除字典，并在创建数据库时指定引用该附加排除字典。附加排除字典一般包含某个专业领域的高频词，通过利用附加排除字典，可以有效地排除某一领域范围内大量高频词的重复检索，提升查询速度。

5. 稀疏字典

在一些情况下，用户希望不进行全文检索就可以自动抽取一些词语形成检索关键词，即根据需求索引关键词。稀疏字典就起到了存储这些关键词汇的作用。在检索过程中通过利用稀疏字典，可以有效地降低检索维度，降低全文检索过程中的比对时间。

6. 主题字典

主题字典是一种基于语义的字典，由词本身和词之间的关系构成，可以代表某领域的相关语义概念。主题字典支持13种词间关系，包括族首词、上位词、下位词、等同词、替代词(用代词)、相关词、缩略词、被缩略词、组合概念、历史注释、范围注释、外文等同词、后组配概念。

主题字典主要在检索时起到后控制作用、在标引时起到自动或辅助挑选索引词的作用，能够有效的提高查全率和查准率，并且能够完成多语言检索和智能化检索。

二、数据标准的构建

（一）数据标准的意义

数据标准就是通过制定一套由管理制度、管控流程、技术工具共同组成的体系，来对数据定义、分类、格式、编码等标准化管理。通俗地讲，对于企业来说，数据标准就是对数据类型、长度、归属部门等定义一套统一的规范，以保障不同业务系统之间可以做到对同样的数据理解统一和使用统一。

企业下分支各自都有自己的信息管理系统，分别管理自己的业务形态，当总公司要进行数据整合的时候，几个系统的信息都会存在一张信息表中，其实这个就是在建立数据标准。

那么要建立一个数据管理平台，统一存储各个分支全部的交换信息时，信息表该如何创建？这就需要创建信息标准来整合企业内部不同部门业务系统产生的信息。

数据标准化的过程其实就是在数据管理平台上实现数据标准，并将各个系统产生的数据通过清洗、转换加载到整合平台的数据模型中，实现数据标准化的过程。

所以，数据治理的第一步就是要梳理清楚企业拥有哪些数据，并整合数据。而构建数据整合平台则必须要建立一套数据标准和数据模型，实现数据的标准化。

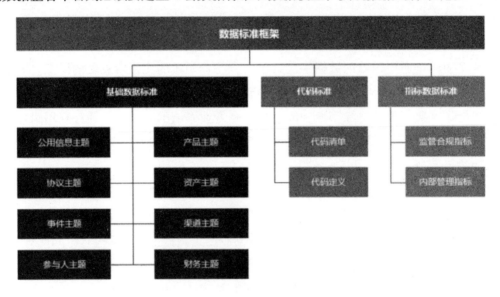

图 4-1　数据标准框架

（二）数据标准分类

一般可从三个维度去对数据标准进行分类：数据结构、数据内容来源、技术业务。

1. 从数据结构角度进行的数据标准分类

结构化数据标准是针对结构化数据制定的标准，通常包括信息项分类、类型、长度、定义、值域等。

非结构化数据标准是针对非结构化数据制定的标准，通常包括文件名称、格式、分辨率等。

2. 从数据内容来源进行的数据标准分类

基础类数据标准是指业务系统直接产生的明细数据和相关代码数据，保障业务活动相关数据的一致性和准确性。

派生类数据标准是指基础类数据根据管理运营的需求加工计算而派生出来的数据，如统计指标、实体标签等。

3. 从技术业务角度进行的数据标准分类

业务数据标准是指为实现业务沟通而制定的标准，通常包括业务定义和管理部门业务主题等。

技术数据标准是指从信息技术的角度对数据标准的统一规范和定义，通常包括数据类型、字段长度、精度、数据格式等。

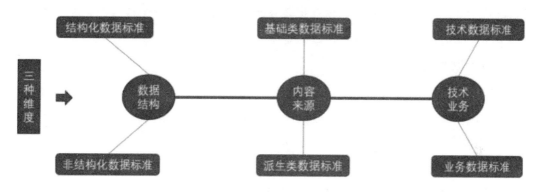

图 4-2　数据标准的三种维度

（三）数据标准建设流程

数据标准的制定和落实并不是一个一蹴而就的过程，而是一个需要结合实际业务场景，通过分析总结，切实应用到数据管理中，并且根据反馈结果不断进行整改迭代的过程。数据标准的建设流程主要包括以下几个阶段：

1. 分析业务场景

由于实际业务场景的复杂性和多变性，数据标准的制定也并不是一成不变的。它需要有经验的实施人员和业务部门通力合作，对业务场景进行梳理和提炼，找到企业切实可行的标准规范，从而让数据标准更好地服务于企业。

2. 标准制定

数据标准建设需要有相应的数据标准管理组织，负责数据标准的统一管理，承担数据标准的制定、维护、应用和监督等工作。制定标准时需要从实际出发，结合业界经验，先要梳理出数据标准建设的主体范围和实施计划。然后根据数据标准体系框架和分类，确定各分类数据标准模板，然后由相关人员依据相关国标、行标、技术业务需求等调研结果，进行数据标准的编制，形成数据标准初稿。数据标准初稿制定完成后需要对数据标准进行再次评审，在征求各方面意见后对数据标准进行修订和完善，形成正式的数据标准。

3. 数据标准落地映射和落地评估

在数据标准制定完成后需要将标准真正地应用到系统中去，而不是纸上谈兵。但是由于实际工作中存在系统无法改造的情况，因此需要确定数据标准的落地策略和落地范围，并制定落地映射方案。落地方案反映的是数据标准和系统数据的关联关系，通过数据标准对现有的系统数据进行评估落实，从而得到对现有系统的标准评估结果。

数据标准管理是企业数据治理的基础，没有标准化，更加谈不上数据质量。在得到标准评估结果后，需要根据结果的反馈对系统数据进行整改。由于实际业务场景或其他因素的制约，数据整改并不是一次性的，而是要经过多次迭代，不断整改，从而得到符合企业预期的数据服务。企业也是在不断发展的，在这个过程中，系统数据也是在不断变更的。因此，数据整改也是随着企业的发展而不断适应和发展。

（四）数据资产调研

进行数据资产调研和盘点工作并形成调研报告，获取各业务系统的使用现状及其中数据提供情况；盘点校内的各项数据资源情况，包含各项业务系统、数据库的情况、数据管理部门和责任人/接口人、技术属性信息、数据使用和质量概况、离线电子数据的情况、历史数据保存情况等。

形成数据资源盘点清单、数据责任单位清单、各部门数据关系 IPO 调研表。通过此项服务，初步了解全校数据的现状和条件。根据业务需求和数据条件，初步梳理当期数据能够进行建设及治理的范围与边界，并依据各部门的工作中与外部数据的关系进行分析，初步确立和形成校级的数据流向规划设计。

表 4-1　校内资源情况表

模块名称	功能描述
数据资产调研盘点	专人进校进行数据资产调研和盘点工作并形成调研报告，内容包括各项业务系统、数据库的情况、数据管理部门和责任人/接口人、技术属性信息、数据使用和质量概况、离线电子数据的情况、历史数据保存情况等。
调研盘点工具	用户可使用本系统对数据资产调研盘点信息进行管理，包括各业务系统现状、建设时间、使用状况、厂商、运维情况、数据质量等信息；支持对当前已建设系统及离线数据的基本情况、功能构成、数据构成、集成情况、历次升级情况等信息的管理。
对象建模	数据源管理 支持常见的数据库的各类版本（如 MySQL、Oracle、MsSQLserver、MongoDB 等），集成对应数据库的驱动程序，通过配置名称、数据库类型、驱动、连接字符串、用户名、密码等信息即可完成对数据源的注册；支持对已维护数据源的连通性测试及错误信息的查询。 结构解析 可对数据库中的数据表、视图等对象进行列表拉取、检索、定位、多选等操作。以及数据库中的数据表、视图等对象解析其内部结构、字段信息、索引、约束、关联关系等内容，并可生成为本系统可使用的各类对象。 数据提取 系统可对数据库表、视图中的数据进行提取、转换、映射为本系统可识别的数据进行使用。

（五）信息标准平台

数据标准的建立是学院信息化、数字化建设的一项重要工作，学院各类数据必须遵循一个统一的标准进行组织，才能构成一个可流通、可共享的信息平台。主要用于在不同系统间，形成信息的一致理解和统一的坐标参照系统，是信息汇集、交换以及应用的基础，包括数据分类与编码、数据字典、数字地图标准。为大数据平台功能发挥所涉及的各个环节，提供一定的标准规范，以保证信息的高效汇集和交换，包括元数据标准、数据交换技术规范、数据传输协议、数据质量标准等。建设完善的版本管理，建设标准管理工具，管理标准全生命周期，对组织结构的维护收集、整理、创建、发布、物理化、升级全链管理。同时建设标准信息网，让标准更好地覆盖全校，为各个业务系统服务。

表 4-2　信息标准平台情况表

模块名称	功能描述
信息标准制定	系统根据国家、教育部相关文件要求（如《标准化工作导则——第一部分：标准化文件的结构和起草规则》（ GB/T1.1—2020)、《JY/T1001 教育管理基础代码》、《JY/T1006 高等学院管理信息》、《JY/T1007 教育统计信息》、《职业院校数字校园规范》、《高等学院数字校园建设规范（试行）》、《高等教育事业基层统计报表》、《高职人才培养工作状态数据》、《高等职业院校适应社会需求能力评估暂行办法》）结合学院当前各业务系统厂商、技术规范、数据标准、业务管理方式等现状，重新制定全校信息标准。
规范标准管理	系统对国标、部标、校标等其他参考标准进行统一管理，支持在线搜索、查看、浏览、下载相关标准文件。
标准分类管理	系统按照《JY/T1006 高等学院管理信息》等规范对信息标准的分类按照树形结构进行管理，包括数据集、数据子集、数据类等各种标准类型及自定义类型的维护。可按照树形结构对各种分类进行添加、修改、删除、移动、排序等操作。
数据子类（数据表）管理	系统可对数据子类进行管理，包括数据子类的名称、分类、关联信息、责任部门、责任人、发布部门、发布时间、修订部门、修订时间、审核流程等信息，以及对数据子类进行新增、修改、删除、移动等操作；对各数据子类设置不同的责任部门、责任人、安全级别、关联关系等内容。
数据项（元数据）管理	系统支持对数据子类中所包含的数据项（元数据结构）进行管理，包括编号、数据项名称、中文简称、类型、长度、约束、值空间（编码标准）、示例、引用编号等内容。 系统支持用户在线对数据子类进行编辑时，同时对数据项进行维护，包括数据项的新增、修改、删除、排序等操作；支持对各数据项设置不同的责任部门、责任人、安全级别、关联关系等内容。
编码标准（值空间）管理	支持根据国标（《JYT1001—2012 教育管理基础代码》）、部标、校标对数据项中参考的编码标准进行统一管理，按照代码集、代码子集、类型代码的形式对编码标准进行管理；支持对普通编码、树形编码。
反向映射	系统利用对象建模工具对数据源中已经存在的库表进行解析后，按照数据子类及数据项的构建流程进行界面化维护后，生成对应的数据子类及数据项。

模块名称	功能描述
标准版本管理	系统支持版本发布,对当前的标准分类、数据字典、编码标准进行归档发布,并形成新的版本号;支持在发布前进行差异对比,自动生成当前版本与上一版本的变更内容(新增、修改、删除);支持在发布前进行数据统计,查看当前信息版本的数据构成;支持对版本发布按照工作流的形式进行审核。 系统支持版本统计,对任一版本的信息标准进行数据统计,统计内容包括且不仅限于标准数量、分类数量、字典数量、编码数量及对应的数据量信息、版本使用周期等。 系统支持版本对比,对任意两个版本进行对比,包括标准数量、分类数量、字典数量、编码数量及对应的数据量信息、版本使用周期等方面的差异。 系统支持版本切换,切换至任意版本查看对应版本信息标准的全部信息,历史版本仅支持查看,不支持修改。 系统支持版本回滚,将当前版本进行回滚到任意历史版本,回滚操作将对当前版本进行归档并提取对应历史版本的数据发布为新版本;支持在版本发布记录中记录回滚操作。 系统支持版本导出,将任意版本数据按照指定文件格式、模板根式导出为文档文件并下载至本地进行查看。

第二节　数据集成、数据共享方案

一、数据流转关系

(一)集成方式

笔者所在公司的数据集成主要是通过数据集成平台将学校已建业务系统的数据全量集成到诊改数据中心,数据集成过程中需经清洗转换和标准统一,构建学校统一诊改数据中心,打破学校各独立业务系统之间的信息孤岛现象,为学校展开诊改分析工作和智能校园信息化建设提供坚实的数据支撑服务。

业务系统集成包含但不仅限于:课程在线、教务系统、科研系统、人事系统、学工系统、财务系统、招生就业、资产系统、人才培养状态数据采集与管理平台、一卡通等,根据学校需要平台提供业务系统集成接口以满足学校后续信息化建设的数据集成需求。

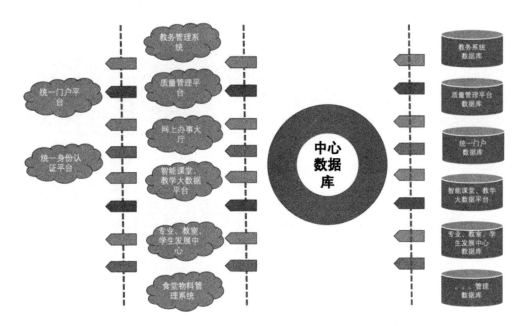

图4-3　学校中心数据库

（二）集成内容

1.教务系统集成

教务系统是学校开展教学活动、教学管理的核心业务系统，教务管理包含学籍信息管理、学籍异动信息管理、任课教师管理、课程安排、教学计划、考务管理、教材管理、教学工作量、教学日历管理、学生选课管理、课程库管理、教室管理、质量评价等教学核心业务数据。教务系统所产生的数据是学校数据资产组成成分中非常重要的一部分，是学校开展教学信息化工作、提升教学信息化水平的基石，也是学校实现数据决策支持服务中重要的数据支柱，所以，将教务系统中产生的核心业务数据汇聚到数据中心也是学校智慧校园建设中的一项不可或缺的工作，同样也是国家针对教学信息化改革中要求的内容。

从目前学校采用的教务管理系统来看，相关部门和师生在日常教学活动中已积累了大量的业务数据。学校数据中心从教务系统中对接了相对来说较为基础的数据，核心业务数据（教学工作、课程安排、教学计划、绩效考核）未能全面深入地实现数据对接，这是由于教务系统厂商对接接口费高昂（一个学生基本信息的接口费就是2万元，诸如此类的接口达30个）且无法真正保证数据集成的全面性、准确性，学校也不可能提供如此高昂的费用。

（1）集成方案

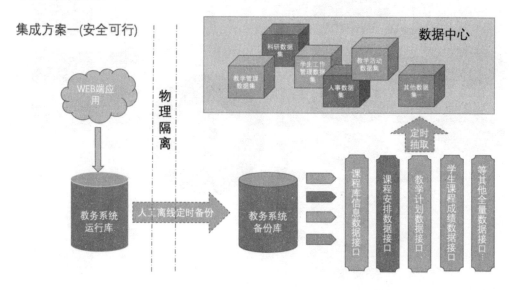

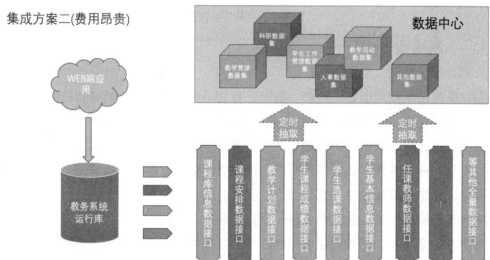

图 4-4　教务系统集成方案

第一种数据集成方案，采用系统定时备份方式将系统运行库备份至备份数据库服务器上，数据中心实时从备份数据库中获取教学相关数据接口（此接口由数据集成商创建），将业务数据上传至数据中心积累下来。

第二种数据集成方案，与教务系统厂商谈定数据对接接口方案，学校支付接口开发费，从而实现教务数据在数据中心的积累沉淀。

（2）控制目标

实现教务系统与数据中心的全量集成。

教务核心业务数据在数据中心得到积累沉淀。

2.学工系统集成

（1）集成方案

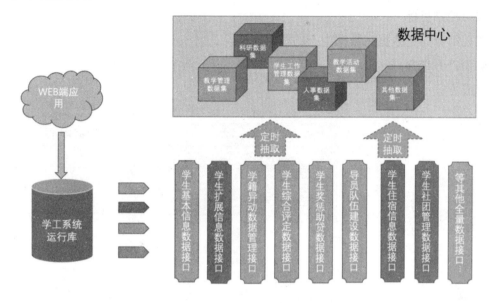

图 4-5 学工系统集成方案

（2）控制目标

实现人事系统在数据中心中的全量数据积累。

3.财务系统集成

财务系统可以实现的集成内容包含学生欠缴费管理、教师工资数据、科研经费情况信息、部门经费数据。

（1）集成方案

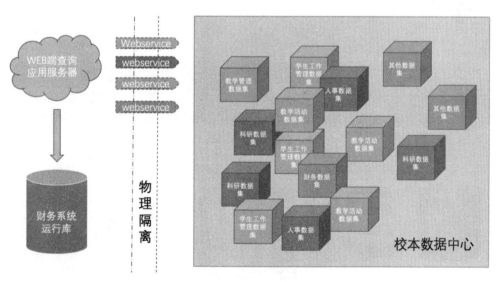

图 4-6 学工系统集成方案

由财务系统 web 服务器发布 webservice 数据接口，数据接口包含学生欠缴费数据（每学年抽取一次）、教师工资查询数据接口、科研经费到账信息接口、部门经费信息。

（2）控制目标

实现部分财务数据在数据中心的积累沉淀。

4. 资产系统集成

集成方案

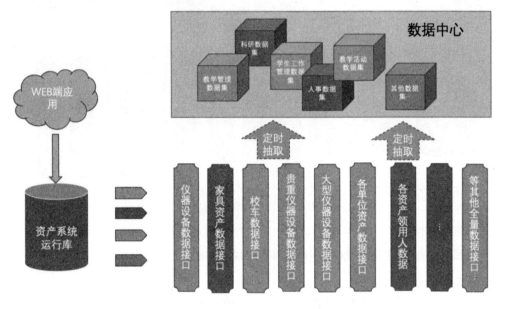

图 4-7　资产系统集成方案

5. 一卡通数据集成

集成方案

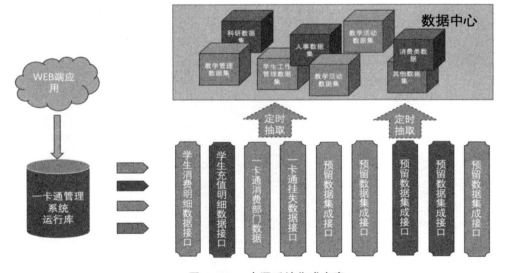

图 4-8　一卡通系统集成方案

6. 课程在线集成

（1）集成方案

方案一解析：

①利用网络爬虫技术实现定时对学校课程在线系统进行无死角数据爬取。

②利用数据结构化处理技术将爬虫程序爬取下来的非结构化数据进行结构化处理。

③利用数据同步工具将结构化数据同步至学校数据中心。

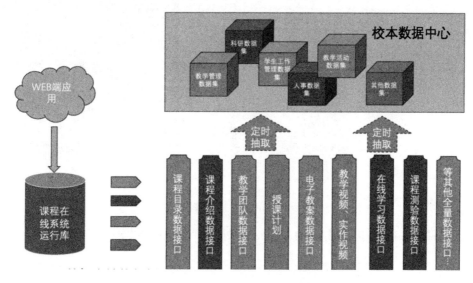

图 4-9　数据表结构解析

方案二数据解析：

与厂商沟通开放数据对接接口，实现对各类业务数据的数据同步工作。或由我方分析数据表结构逻辑实现对各类业务数据的视图处理。

（2）控制目标

实现教学资源核心业务数据在数据中心的积累。

7. 招生就业集成

（1）集成方案

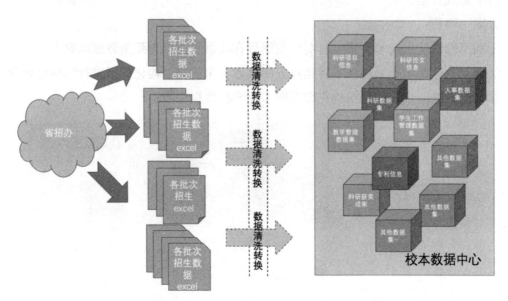

图 4-10　招生集成方案

每年将招办的招生数据 excel 进行入库处理，实现在数据中心的积累沉淀。

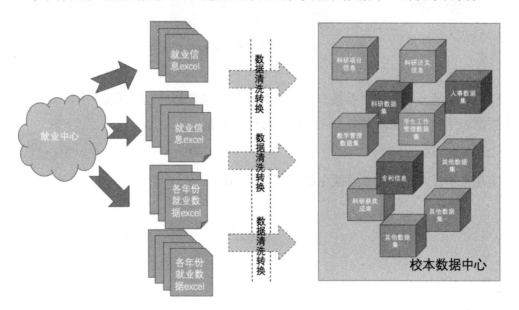

图 4-11　就业集成方案

（2）控制目标

实现招生就业数据在数据中心的积累沉淀，丰富学校数据中心数据种类。

8. 云平台系统集成

（1）集成方案

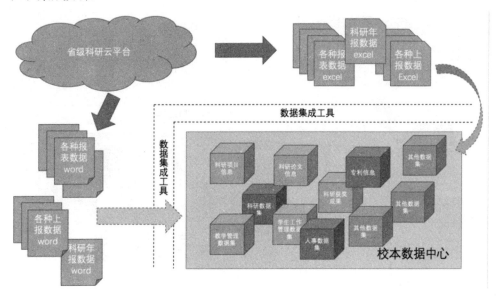

图 4-12　云平台系统集成方案

（2）控制目标

实现报表数据、年报与数据中心的全量集成。

云平台核心业务数据在数据中心得到积累沉淀。

9. 人才培养状态数据采集与管理平台集成

人才培养状态数据采集管理平台是国家监控高职院校整体办学水平的静态数据采集平台，学校每年需要专人针对采集平台要求的办学监控指标进行数据整理和上报，整理工作耗时费力，往往每年的上报数据准确性无法保证，且上报数据与学校实际数据对比不清晰，若将学校每年上报的人才培养状态数据在数据中心中积累沉淀下来，可以进行大量的办学指标监控分析，为学校决策管理及质量管理提供高质量的数据对比分析，为学校层面的动态办学诊改提供数据支撑服务，这将是最大化数据价值的体现。

如下将针对如何采集人才培养状态数据的集成难题提出解决方案。

（1）集成方案

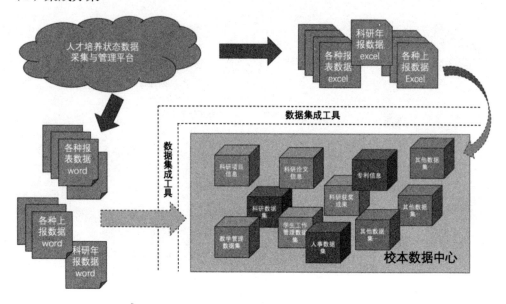

图 4-13　人才培养状态数据的集成方案

每年学校上报给人才培养状态数据库的数据都可以以 excel 的形式进行导出，再通过数据即成工具将导出的数据文件转存到数据中心来，形成积累沉淀。

（2）控制目标

历年的人才培养状态数据在数据中心得到积累沉淀。

（三）集成模式

1. 基础类数据集成

学生信息、教工信息、学校组织机构数据（职能部门、二级院系）、教室（普通、多媒体、机房）、宿舍、实训场地信息、校外实习基地信息、专业设置信息、班级基本信息。

2. 管理类数据集成

教学计划信息、学生选课数据、开课课程信息、课程安排数据、学籍信息、学生成绩明细信息、评教信息、教师调代课信息、专任教师数据、兼课教师数据、校外兼职、教课教师数据、课程教学团队数据、教材数据、电子教案数据、人才培养方案数据、教学仪器设备数据、招生明细数据、迎新报道明细数据、办学经费收入及支出数据、职业资格证书和技能培训数据、顶岗实习明细数据、就业明细数据、产学合作明细数据、专职学生管理人员数据、奖学金明细数据、助学金明细数据、勤工俭学明细数据、学生社团信息、学生违纪处分数据、社会捐赠明细数据、科研项目数据、获奖成果数据、论文发表数据、论文收录数据、专利著作权明细数据、教职工基本信息数据、教职工学历变化数据、离退休人员数据、教职工职称变化数据、教职工人事变动明细数据、教职工岗位明细数据、学生住宿明细数据、图书基本信息数据、电子资源数据、图书借阅明细数据、图书欠费明细数据、心里测评数据、体能测评数据、学生缴费信息、教师工资数据、科研经费数据、部门经费明细数据。

3. 行为类数据集成

上网行为日志数据、上网（有线、无线）认证数据、图书馆门禁数据、一卡通消费明细数据。

4. 教学互动类数据集成

课堂考勤数据、学生题库练习明细数据、学生自助约考明细数据、学生平时约考成绩、学生学习积分明细数据、教师资源上传明细数据、课程章节知识点数据、课程知识点题库数据、课堂监控数据、随堂评教明细数据、课堂教学交互数据。

（四）信息监控

系统上线后的日常营运工作中，监控各系统的各项信息及运行状态相当重要，监控系统的运作状态才能事前发现及处理问题，避免故障发生。若系统不慎发生故障，也能通知相关人员处理。为实现适当的系统监控功能，必须根据系统需求规格要求来选择评估综合系统监控工具。一般的系统监控工具主要有搜集各监控对象 H/W、OS、M/W、AP 等运作状态的"监控信息搜集功能"，事前掌握问题的"监控资讯分析功能"，监控到故障的"警戒值设置功能"，系统发生故障时的"故障通知功能"，工具本身管理的"管理功能"等五大功能。

信息监控内容具体如下：

1. 监控信息搜集功能

分别进行资源监控、网络监控、SNMP 监控、LOG 监控、JOB 监控。资源监控指透过安装在监控对象主机的 agent，监控主机的 CPU/ 内存 / 磁盘空间 / 网络等资源的使用情况。网络监控指通过 ping 或端口的状态来监控网络是否相通。SNMP 监控为透过 SNMP 的 Polling/Trap 方式监控通信等设备。LOG 监控指利用 syslog、aplog 等 LOG 讯息监控方式，监控硬件、软件的故障。JOB 监控指监控执行程序的工作进程、执行状况。通常利用专门的 JobSchedulling 工具来进行。

在评估监控信息搜集功能时，除了监控项目之外，设定监控项目的容易性，以及监控信息保存方式也必须列入评估项目中。

（1）监控项目

★主机硬件监控主机硬件的故障；

★资源监控主机的 CPU/ 内存 / 磁盘空间 / 网络等资源；

★网络监控对 N/W 设备进行 Ping、SNMP 方式监控；

★ Process 监控 OS 的 ftp、ntp 等重要 Process；

★ Log 监控 syslog 内的异常信息；

★ Cluster 监控主、副主机的切换状态。

（2）监控项目的设定

★设定方式监控规则的设定方式；

★保存形式监控设定档的保存方式；

★生效方式监控设定完成后，是否需要重新启动；

★扩充功能追加外挂功能 plug-in 的丰富性；

★设定的容易性是否可以简单设定。

（3）信息保存形式

★使用 DB 或 text 或其他。

2. 监控资讯分析功能

将搜集到的信息以分析图、表的方式呈现，如 CPU/ 内存 / 磁盘空间 / 网络等在一定时间内的使用量变化曲线图等。

显示监控信息功能主要为有无障碍一栏、状况、最新资料、图标呈现内容等。设定方法主要比较设定显示资料、图标的方式，以及设定的方便性等。

（1）显示监控信息

★显示方法显示监控信息的方式；

★故障一览所有监控项目的故障一览现实状况；

★故障记录过去发生的故障记录需要可正确查询；

★最新资料能够正确查询最新资料；

★过去资料能够正确查询过往资料；

★图表功能通过图表掌握相关信息，可显示对应图表；

★制作图表功能可自定义所需相关图表；

★收集到的资料如果是以资料库形态存放，在资料分析上较有弹性，通过 SQL 语法即可简单取得想要的信息。

分析过往的历史记录，可作为日后改善的依据，仍相当重要。在故障尚未发生前，能够事前掌握并解决，也是系统运维人员的一项很重要的工作。例如主机在打上某个补丁之后，从图表上可以看出内存或硬盘使用率逐日增加。若能及时发现并进行改良，则可防止产生相应问题。

（2）警戒值设置功能

设定搜集到监控资讯的警戒值，判定系统是否异常。例如 CPU 使用率的警戒值为 80%，警戒值设定和故障通知互有关联。此项比较会影响系统营运人员日常的作业负荷和效果。如果监控主机本身发生故障，所造成的影响层面可能会很大，不能忽视。

例如遗漏或错误设定，没有监控到重要故障的发生，或没有重大故障却频繁呼叫系统维护人员，产生各种误报等问题。

警戒值的设定：

★警戒值设定方法，警戒值设定的容易性、正确性；

★故障重要度设定，可以设定故障的重要度；

★监控时段的设定，可以设定主机维护等非监控时段，部分监控时段等；

★关联性的设定，可以设定故障的关联性；

★设定的方式，选择从画面或存档等方式；

★设定的容易性，操作较为容易。

（3）故障通知功能

设定系统发生异常时的通报机制，如发送短信、邮件，紧急情况发生时的电话联络方式等。

★通知方式，利用可能的通知方式，如电话、邮件、短信等；

★通知内容，可修改通知内容；

★通知群组设定，能够设定和管理通知群组；

★通知历史记录，能够记录和管理通知历史记录；

★通知状态，能够记录和管理通知状态 STATUS；

★注记功能，能够针对各种故障进行注释记录；

★历史记录，功能能够管理记录状态、注释等内容；

★设定方式，通过画面、历史记录等方式进行设定；

★设定的容易性，操作较为容易。

（4）管理功能

★监控主机本身的管理功能。

（五）odi 同步解析过程详解

使用数据治理流程进行数据同步时，课表数据进入低质量库之前，需要进行合班、拆分教师等处理，这部分，我们进行统一维护，便于各实施现场同步课表数据。

数据流转及处理逻辑如下，同步到低质量库时，禁止 delete 全表、truncate 全表，如有需要删除的，需通过过程编写带筛选条件的 deletesql。有填充底色的为低质量库数据表，虚线为统一处理逻辑，实线部分需要实施现场处理：

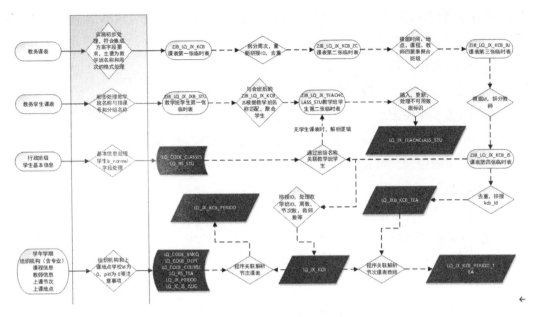

图 4-14　数据流转及处理逻辑

★集成说明

★必要基础数据

同步到低质量库时，禁止 delete 全表，truncate 全表，如有需要删除的，需通过过程编写带筛选条件的 deletesql。

lq_code_xnxq，学年学期，同步课表前需要先维护学期数据，教学开始时间务必正确。

lq_jx_period，上课节次

lq_code_dept，组织机构信息（含专业），学校节点 id 必须为 0，pid 为 -1，level_为 0

lq_code_course，课程基本信息

lq_code_classes，行政班级基本信息

lq_rs_tea，教师基本信息，zzjg_id 和 dept_id 必须推送，如学校教师只有一套部门归属，两个字段填充相同内容，如果需要区分教学归属和行政归属，zzjg_id 中推送教学归属，dept_id 中推送行政归属。智慧课堂程序自动同步时，默认取 zzjg_id；内部质量程序自动同步时，默认取 dept_id。

lq_xs_stu，学生基本信息

lq_jc_js_zzjg，教室组织机构，学校节点 id 必须为 0，pid 为 -1，level_为 0

以上各表必须按集成方案要求，维护必要字段。

各表中如有 istrue 或 is_normal 字段，如无特殊情况，必须根据实际状态维护，标记数据是否可用。

如学校提供辅导员/班主任带班数据，则需维护辅导员和辅导员带班表：

lq_rs_fdybzr，辅导员班主任表，id 拼接规则，学年学期 || 教师工号 || 人员类型。

lq_rs_fdybzr_class，辅导员班主任带班数据，注意 fdybzr_id 是 lq_rs_fdybzr 表的 id，不是工号。

★教师课表中间表

向 ZJB_LQ_JX_KCB 中推送符合集成方案字段要求的数据，接口中要求清空课表，再插入当前学期的数据，后缀为 count 的字段可不处理。其中，TEA_NO 和 WEEKS 字段不可为空，推送时需要加筛选条件。

我们最终会把数据解析成单周的数据，即每条课表的周次都只有一个确定的数。

数据处理中可能会用到的一些函数，都准备好了。

先把不符合 1,2,4,5 这样单周拼接的周次，转换成单周拼接的数据：

以 1 和 0 表示是否有课，以数字位置表示第几周的数据类型，比：101101，这串数表示 6 周，第 1,3,4,6 周有课。转换借助函数：函数 -101010_to_1,3,5.sql。

以开始和结尾周次表示有课的周段，多个周段以逗号隔开，如 1-3,5-6，这串数表示第 1,2,3,5,6 周有课。转换借助函数：函数 -week_start_end_to_weeks.sql。

源数据有可能有节次或星期没有拆开的，比如 1-2,3-4 两大节课放在一条数据里，反馈数据源修改，如果数据源不修改，可使用下列函数进行拆分：

函数 - 简易列转行 .sql

教学班学生中间表（由学生课表解析）

如学校提供学生课表，向 ZJB_LQ_JX_JXB_STU 中推送符合集成方案字段要求的数据，接口中要求清空数据，再插入当前学期的数据；

教学班学生中的 teachclass_name 教学班名称字段内容，需要与推送给教师课表的 teachclass_name 字段内容匹配。

如没有学生课表数据，则要求 ZJB_LQ_JX_KCB 中的 teachclass_name 使用行政班名称以英文逗号分隔进行拼接，如 19 数学 1 班、19 数学 2 班；ZJB_LQ_JX_JXB_STU 不需要维护，将标准 odi 接口中变量 is_xskb_ok 的值修改为 0，执行包 SET_VARIABLE_VALUE。

教学班名称（teachclass_name）同步规则

低质量库中，zjb_lq_jx_kcb，ZJB_LQ_JX_JXB_STU 数据推送时，务必要确认，teachclass_name 字段的映射内容，要包括教学班名称、分组名称或排课号，这里 teachclass_name 字段的映射，根据实际情况，分为以下几种：

1. 教学班名称已唯一。这种情况下，需要确认分组排课，比如 2019 护理 1 班的一半人上午上课，另一半人下午上课，在教学班名称上可以区分，如 2019 护理 1 班 A，2019 护理 1 班 B，则不需要特殊处理。

2. 教学班名称字段内容不包含第一条中的后缀 A，B 或其他可区分的标识，这个时候用到数据源提供的分组名称字段。

分组名称字段有内容又分为两种情况：

（1）分组名称内容和教学班拼接起来，可以确定唯一，如分组名称内容为：A 班，A 组，篮球 1，等。则直接拼接教学班字段和分组名称字段，分组名称字段要使用 nvl 函数判断，空值转换为空字符串。

（2）分组名称内容和教学班拼接起来，不能确定唯一，比如一些描述类文字：分组上课等。则需要根据分组名称字段内容判断，如果含义为分组上课相关内容，则使用教学班拼上排课号，没有分组的数据，不拼接排课号。

3. 教学班名称为空或无意义内容，如无，空等。这种情况多出现于公共课课表，这时，我们需要和项目经理确认拼接逻辑。这种情况的默认推荐逻辑：使用课程名称 ||'-'|| 教师工号 ||'-'|| 分组名称或排课号，分组名称和排课号的具体拼接规则，参考 2.1 和 2.2 中的说明。

拼接规则：不论教学班名字后我们拼接什么内容，各字符串之间，拼上分隔符 '-'，用以区分原始内容和拼接内容。

智慧课堂程序高质量同步任务同步过程详解；

课表同步前，还需要先确认学年学期是否准确；

影响到解析课表时生成的上课日期，以及我的课表界面每一天对应的日期和周次。

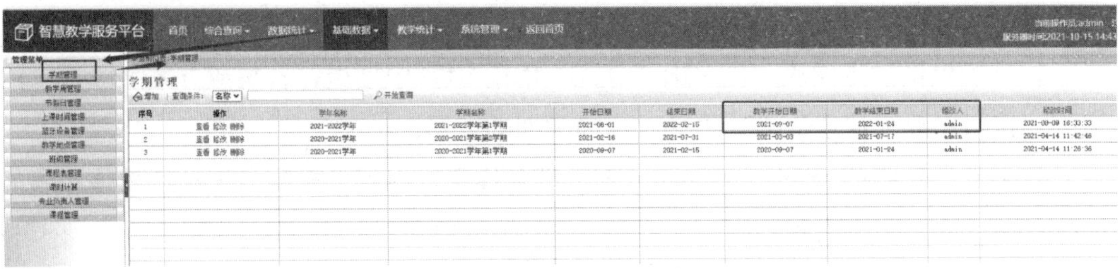

图 4-15　智慧教学服务平台学期管理模块基础数据内容

课表同步前，需要在智慧课堂后台 系统管理 --> 开关管理 中确认至少这三个开关

图 4-16　智慧教学服务平台系统管理模块设置

开关说明：

是否执行数据抽取，决定了从高质量同步过来的数据，是否会被解析到智慧课堂对应的表里去。开关打开时，后台线程每 2 分钟扫码一次抽取待执行表。

抽取是否允许修改历史课程表，决定了在解析数据的时候，是否对本学期当前时间之前上课的数据进行新增、修改或删除。

教学周开始星期 (是 : 周一，否 : 周日)，要和校历上每周的第一天一致，确认是周一还是周日。

调试阶段，可以关闭是否执行数据抽取的开关，通过手工点击 系统管理 --> 高质量同步 页面执行抽取按钮进行解析。数据流转正常后，再把这个开关打开。

高质量同步页面各字段含义说明：

这个页面显示的内容保存在智慧课堂库 SJCQ_ZB 中：

抽取表名这一列，显示的是智慧课堂的一套中间表名字，用来存放从后面高质量库对应表同步过来的数据。在这些 SJCQ（ 数据抽取 ）打头表里的数据，都是待解析的数据。

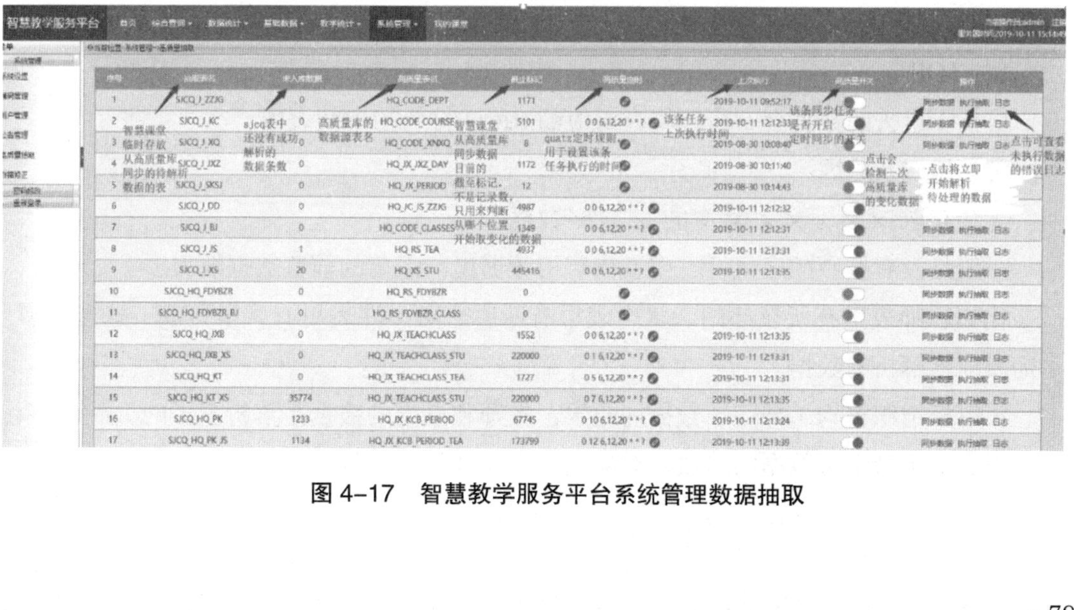

图 4-17　智慧教学服务平台系统管理数据抽取

数据同步顺序及解析顺序：

初次数据同步，应按照以下顺序进行同步并解析。

序号	抽取表名	录入库数量	高质量表名	截止标记	高质量定时	上次执行	高质量开关	操作
1	SJCQ_J_ZZJG	0	HQ_CODE_DEPT 1	2437		2021-08-09 16:38:16		同步数据 执行抽取 日志
2	SJCQ_J_KC	1	HQ_CODE_COURSE 2	10724		2021-08-09 16:38:41		同步数据 执行抽取 日志
3	SJCQ_J_KC_ZY	0	HQ_JX_MAJOR_COURSE	0				同步数据 执行抽取 日志
4	SJCQ_J_XQ	0	HQ_CODE_XNXQ	4		2021-08-09 14:11:13		同步数据 执行抽取 日志
5	SJCQ_J_JXZ	0	HQ_JX_JXZ_DAY	0				同步数据 执行抽取 日志
6	SJCQ_J_DD	2	HQ_JC_JS_ZZJG 3	1624		2021-08-09 16:42:39		同步数据 执行抽取 日志
7	SJCQ_J_SKSJ	0	HQ_JX_PERIOD 4	6		2021-10-15 13:17:26		同步数据 执行抽取 日志
8	SJCQ_J_BJ	0	HQ_CODE_CLASSES 5	3053		2021-08-09 16:43:01		同步数据 执行抽取 日志
9	SJCQ_J_JS	388	HQ_RS_TEA 6	37752		2021-08-18 14:55:57		同步数据 执行抽取 日志
10	SJCQ_J_XS	9052	HQ_XS_STU 7	89840		2021-08-09 16:45:18		同步数据 执行抽取 日志
11	SJCQ_HQ_FDYBZR	0	HQ_RS_FDYBZR	0				同步数据 执行抽取 日志
12	SJCQ_HQ_FDYBZR_BJ	0	HQ_RS_FDYBZR_CLASS	0				同步数据 执行抽取 日志
13	SJCQ_HQ_JXB	0	HQ_JX_TEACHCLASS 8	7349	0 24 0/1 * * ?	2021-08-18 14:24:07		同步数据 执行抽取 日志
14	SJCQ_HQ_JXB_XS	0	HQ_JX_TEACHCLASS_STU 9	444433	0 25 0/1 * * ?	2021-08-18 14:25:07		同步数据 执行抽取 日志
15	SJCQ_HQ_KT	50	HQ_JX_TEACHCLASS_TEA 10	7576	0 26 0/1 * * ?	2021-08-18 14:26:07		同步数据 执行抽取 日志
16	SJCQ_HQ_KT_XS	4259	HQ_JX_TEACHCLASS_STU 11	444433	0 27 0/1 * * ?	2021-08-18 14:27:07		同步数据 执行抽取 日志
17	SJCQ_HQ_PK	513	HQ_JX_KCB_PERIOD 12	148836	0 20 0/1 * * ?	2021-08-18 14:20:07		同步数据 执行抽取 日志
18	SJCQ_HQ_PK_JS	7179	HQ_JX_KCB_PERIOD_TEA 13	120533	0 30 0/1 * * ?	2021-08-18 14:30:07		同步数据 执行抽取 日志
19	SJCQ_KT	0						执行抽取 日志

图 4-18　智慧教学服务平台系统管理数据抽取顺序

执行抽取说明：

智慧课堂程序使用游标获取待执行数据并逐条执行，执行成功该数据则移入历史表，数据抽取表加上后缀 _LS，失败则记录失败日志（SJCQ_LOG），该数据继续留在待执行表中，等待下一轮尝试。如果剩余待执行的数据 3 次执行都失败，无新增数据，抽取线程停止尝试，直至下次有新数据加入待执行表，重新开启轮询计数。

错误日志：

SJCQ_LOG 中的错误日志会一直存在，如果数据有误，每解析一次，会新增一条错误日志，根据抽取 ID（CQID）字段关联对应 SJCQ 表，来确认具体错误信息是哪一条数据的。

例：TODO

解析不过去的数据会一直停留在对应的 SJCQ 打头的中间表中。

常见错误及原因：

无法获取 ××××× 对应的 ××× 数据

一般是没有按照顺序执行，或者待解析数据里，需要的前置数据缺失。

比如教师表里有所属部门、学生表里有所属班级、课表里有教学班 id，这些都属于需要前置解析的数据。

没解析组织机构（部门）数据的时候，教师和学生的数据是解析不了的。

没有解析教学班数据的时候，对应的课表是解析不了的。

二、数据集成对接方案

（一）数据集成系统现状

企事业内部有不少的应用系统，如财务系统、人力资源系统、工程管理系统（项目管理、采购管理、库存管理）、管理数据统计系统和企业信息门户。这些系统一般都由不同供应商提供，他们之间的信息有重叠和不一致显现存在，因此很容易产生下列的问题：

1. 基础数据多头管理，系统间数据一致性差

对于同样的问题，每个不同的系统都维护有自身的数据结构，如在工程管理系统中存在供应商数据，而在物资系统中也存在供应商数据，这两个系统对同一个供应商可能存在不同的编号、不同的命名等等。这就导致了两个系统间没有数据标准，在工程管理系统中更新了供应商数据后，物资系统无法依据指定的规则进行同步更新，造成了企业主数据的混乱局面，难以满足快速支撑精确管理的需要，使得企业的运营效率和管理水平难以进一步提升。

2. 接口没有实现统一的接口平台

由于没有统一的企业主数据，目前系统接口均采用点对点方式，技术实现方式多种多样，如最多的方式是数据库直接存取，接口双方需要明确知道对方的底层数据结构，这导致了完成和维护这些接口是一项非常艰巨的任务，并且在不同的供应商之间难于明确自身的责任，出现问题之后相互推诿。

3. 企业内部信息难以完整统一和共享

由于现在的应用系统由不同的供应商提供，基础数据难以同步更新，各自产生的数据信息，都成了一个个的信息孤岛，彼此之间的数据难以共享。企业不容易获取汇总信息。

（二）系统需求

由数据集成中心承载企业数据模型（EDM），促进企业各域数据逻辑模型的统一。在企事业内新建或改造的系统，其数据模型应向数据集成中心所承载的企业数据模型靠拢。数据模型是各个系统及应用间交互的基础，通过数据模型的统一，减少系统及应用间复杂的转换，提高系统、应用、接口的效率。

三、数据共享标准

（一）实现数据共享

数据集成中心为企业各业务系统提供统一的共享数据接口，减少系统间相互接口的重复性，降低接口的复杂程度，提高系统间的接口效率与质量；为跨系统数据应用提供数据支撑。数据集成中心作为企业运营数据共享平台，是各业务部门和企业管理层获取统计数据的唯一来源。

数据集成中心可将某个生产系统的数据以准实时地方式存储转发至其他对数据实时性要求不高的生产系统，以减少生产系统间的网状接口。

数据集成中心以实时的查询服务或准实时批量的数据提供的方式将数据集成中心内整合或计算好的数据向外部系统提供，以配合外部系统支撑统一用户视图查询、用户服务流程等功能。

（二）实现数据应用

数据集成中心利用自身系统的数据提供以下几类功能：

1. 查询应用

实现查询条件不固定的按需查询功能。用户可以根据关心的维度查询数据集成中心内整合好的 360 度业务全貌数据，如为渠道经理提供完整用户视图信息的查询，为用户提供完整用户视图查询、用户账单查询等。

2. 固定报表应用

固定报表是维度和指标固定的统计结果的展示，在数据集成中心内对于实时性要求高的报表采用即时生成的模式，而对于实时性要求不高的报表，基于性能影响和资源开销两方面的考虑，应采用后台通过作业的方式先自动生成，在需要时可以立即展现结果。

报表展现应支持多种图表方式，如饼图、柱图、线图等；支持报表数据导出为其他文件类型，如 EXCEL、CSV、XML、PDF、WEB 存档文件等；支持报表精确打印控制。

3. 动态报表应用

基于数据集成中心整合好的数据，可以利用报表工具，按关心的维度和指标对数据进行主题性的统计，动态报表应用中，维度和指标不固定，可在数据模型支持的范围内变换。在数据集成中心上可实现多种动态报表。

第三节 数据资产目录

一、数据资产目录梳理

（一）数据资产定义

搭建数据资产目录首先要明确数据资产的定义，2019 年 6 月中国信通院发布的《数据资产管理实践白皮书 4.0》指出：数据资产是指由企业拥有或者控制的，能够为企业带来未来经济利益的，以物理或电子的方式记录的数据资源，如文件资料、电子数据等。

从白皮书的定义中，笔者总结出了数据资产最重要的四个性质：

★可控制，数据资产不仅仅只是企业内部的数据，第三方的外部数据也可作为企业数据资产。

★有价值，数据资产能够给企业带来效益和价值，笔者认为此处带来的经济价值不仅仅局限于直观的金钱等有型价值，还应该包含品牌、名誉、公信力等无形价值。

★有方式，以物理或电子的方式记录的数据资源，如文件资料、电子数据等。对于一些纸质管理的数据目前没有纳入管理范围。

★需识别，并非所有的数据都能成为数据资产，每个国家、每个行业、每个企业的业务架构和业务特点都是不相同的，所以企业应根据自身的业务特点，采用有效的方法论在庞大的数据中识别出属于自己的核心数据资产。

（二）搭建数据资产目录原因

1. 外部驱动

数据是国家基础性战略资源，大数据已上升为国家战略。2020 年，国家密集出台数据有关政策。并且对于金融行业、监管机构风险管理要求提供精准的数据模型、创造价值要求充分数据资产。

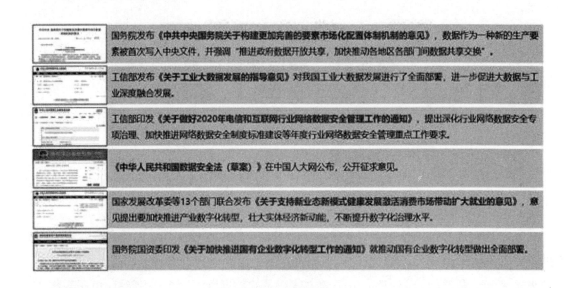

图 4-19　国家出台的数据政策及相关行业规划和监管要求

2. 内部驱动

随着企业逐步开始进行数据化转型，企业也需要进入定制化时代，以更低成本，生产多样化的产品，从而满足不同客户的不同需求。

对于数据本自而言，业务发展加快了数据膨胀的速度，也带来了数据不统一的问题，业务部门频繁增加和剥离同样对数据管理提出了挑战。而数据资产目录的目的就是把数据定义清楚，提升数据质量，然后进一步做整合、构建数据分析应用，优化数据拥有单位的经营管理，创造业务价值。最近几年对数据安全要求提高，也会去做数据分类分级方面的工作，规定不同的安全等级，确保数据安全可控。

（三）数据资产目录搭建的方法

数据资产目录管理是数据治理工作的重中之重。通过识别有效的数据，再根据符合企业数据管理建设的方法论才能形成一套企业数据资产目录，在不同视角下为业务人员、技术人员、管理人员等，以提升业务价值目标的目的，更好地使用、分析和理解相关的数据。

1. 数据资产的盘点方法

如何发现对于企业重要的数据，如何构架企业自己的数据资产目录是我们今天探讨的话题，笔者觉得，数据资产盘点是构建数据资产目录的基础。我们首先试想一个场景，当你面对一个东西乱七八糟摆放，零钱每个角落都有，垃圾遍布的整个房间时，你会怎么做？大部分人都会进行分类整理，将每个角落的零钱放在储蓄罐中妥善保管；将衣物放在不同的柜子里归纳存放；将垃圾收集到垃圾桶里进行舍弃，这整个过程就是"摸清家底"！

同样，企业做数据资产盘点的意义也是有效识别出企业在业务中产生的重要数据。数据资产盘点的过程从实际的业务出发，梳理核心业务流程、根据每个流程中的输入物与输出物来识别产生的数据实体、每个实体中的属性以及实体间的关系，实现业务与数据的衔接。

数据资产盘点主要工作包括以下六个步骤：

1.明确数据资产盘点业务范围	2.收集相关数据资料	3.制定数据资产盘点模板
4.制订数据资产盘点工作计划	5.开展数据资产盘点	6.数据资产盘点清单评审与确认

图 4-20　数据资产盘点工作步骤

2. 目录体系框架

通过资产盘点，梳理企业核心业务板块，以银行为例，一级主题分为客户、产品、渠道、协议、交易、地域、资产、财务、营销、公共等（每个银行划分可能会有所不同），确定核心业务板块后，根据业务需求逐步向下划分二级目录、三级目录，最后细分到信息项。

信息项的定义是从业务出发，梳理业务板块都有哪些数据内容，如客户信息包括基本信息、联系信息、管理信息、评价信息、关联信息等。基本信息包括客户名称、证件号码、出生日期、电话号码等，最后将信息项与物理表构建映射关系。这样数据的使用者就能在目录中找到自己想要的信息。

目录体系框架可参考以下指引：

《信息技术大数据分类指南》——GB/T38667—2020

《信息安全技术大数据安全管理指南》——GB/T37973—2019

《数据安全证券期货数据分类分级指引》——JR/T0158—2018

3. 数据内容划分

（1）基础数据

基础数据是在业务系统开展业务过程中产生的数据，包含主数据以及参考数据。基础数据通过基础属性、业务属性、技术属性和管理属性来描述基础数据。例如在基础属性中明确数据分类；业务属性中需要定义基础数据中文名、业务定义等；在技术属性中明确数据表名，字段名，数据类型、长度、精度数据分布等；在管理属性明确数据安全等级，数据归口部门，可信数据源等。其中代码信息中包含代码值以及代码含义。

（2）指标数据

指标数据是针对满足内部分析管理需要以及外部监管需求对基础类数据加工产生的数据。指标数据通过基础属性、业务属性、技术属性和管理属性来描述指标数据。例如，在基础属性中需要定义指标数据名称，明确指标分类；在业务属性中需要明确指标的业务含义、业务口径和指标维度等；在技术属性中需明确 指标取数范围、指标取数方式、指标条件、指标数据类型、长度和精度等。在管理属性中需要制定指标制定部门、指标制定人、指标制定依据、可信数据源等。

综上所述，数据资产盘点是搭建数据资产目录的前提，笔者认为元数据可以帮助我们快速建立数据资产目录，数据标准可以补充资产目录中数据的描述信息，数据安全可以附加到资产目录中呈现数据的安全等级，确保数据安全可控。

数据资产目录的展现形式应该从三个视角出发，即业务人员、技术人员、管理人员，从多个角度描述数据信息才能确保企业内部人员都能看懂数据资产目录的内容，才能真正将数据资产目录落地。

数据资产目录的搭建。每个企业都应该寻找适合自己企业的方法论，不应该犯起本本主义面，行业标杆案例是让我们学习和参考的，不能完全按照案例的每一步计划实施自己公司的数据管理建设，我们应该做的是向自己的业务问题驱动，真正地去解决问题才能与时俱进，才能成功。

数据资产目录要想长期动态维护和管理并产生价值应该与资产管理工具相结合，只有这样才能保证资产目录不仅仅是一张 Excel 清单。

（四）学校基础数据集

表 4-3　LQ_JC_XX(学校基本信息表)

字段 ID	字段中文名	类型	可否空	解释 / 举例
ID	ID	VARCHAR2(60)	否	主键，无特殊含义，唯一标识，不可重复；
DM	学校标识码	VARCHAR2(20)	否	教育部编制的在全国范围内唯一的、始终不变的 10 位学校标识码
NAME_	学校名称	VARCHAR2(60)	否	在教育行政部门备案的学校全称
SHORT_NAME	学校简称	VARCHAR2(60)	否	自定义学校简称
YWM	学校英文名	VARCHAR2(60)	否	在教育行政部门备案的英文名称
ORIGIN_PID	所在省 /自治区 /直辖市 _ID	VARCHAR2(20)	否	行政区划代码（6 位）
ORIGIN_ID	所在城市 /区 / 地市 _ID	VARCHAR2(20)	否	行政区划代码（6 位）
XX_BXLX_CODE	学校办学类型 CODE	VARCHAR2(60)	否	01 普通高等学校（大学、学院、独立学院、高等专科学校、高等职业学校、分校、大专班)/02 成人高等学校（职工高校、农民高校、管理干部学院、教育学院、独立函授学院、广播电视大学、其他成人高教机构)/03 培养研究生的科研机构 /04 民办的其他高等教育机构
XX_XZLB_CODE	学校性质类别 CODE	VARCHAR2(60)	否	01 综合大学 /02 理工院校 /03 农业院校 /04 林业院校 /05 医药院校 /06 师范院校 /07 语文院校 / 08 财经院校 /09 政法院校 /10 体育院校 /11 艺术院校 /12 民族院校
JBZ_NAME	学校举办者名称	VARCHAR2(200)	否	例：河南省郑州市二七区政府（参考高基报表或咨询党办机构）
XX_JBZXX_CODE	学校举办者性质 CODE	VARCHAR2(60)	否	01 教育部门 /02 其它部门 /03 地方企业 /04 民办
XX_JBZJB_CODE	学校举办者级别 CODE	VARCHAR2(60)	否	01 政府 /02 行业 /03 企业（集团）/04 公民个人 /09 其他
JYXZBM	属地管理教育行政部门名称	VARCHAR2(200)	否	例：河南省郑州市二七区教育局（参考高基报表或咨询党办机构）

字段ID	字段中文名	类型	可否空	解释/举例
JYXZBM_ORIGIN_ID	属地管理教育行政部门代码	VARCHAR2(20)	否	属地管理教育行政部门所在地的行政区划代码（6位）
XXMC_CURRENT_YEAR_MONTH	当前校名启用年月	VARCHAR2(7)	否	格式：YYYY-MM
CREATE_YEAR_MONTH	建校年月	VARCHAR2(7)	否	格式：YYYY-MM
JXJC	建校基础	VARCHAR2(200)	否	高等职业院校的筹建基础，具体包括哪几所学校
MOTTO	校训	VARCHAR2(200)	否	
ADDRESS	学校地址	VARCHAR2(200)	否	学校登记注册的详细地址
POSTALCODE	邮政编码	NUMBER(6)	否	
EMAIL	单位邮箱	VARCHAR2(60)	否	
OFFICE_PHONE	区号-办公电话	VARCHAR2(60)	否	例：0396-1234567
FAX_PHONE	区号-传真电话	VARCHAR2(60)	否	例：0396-1234567
DOMAIN	校园(局域)网域名	VARCHAR2(60)	否	
ADDRESS_JD	学校所在地-经度	VARCHAR2(60)	否	
ADDRESS_WD	学校所在地-纬度	VARCHAR2(60)	否	
XXJJ	学校简介	VARCHAR2(2000)	否	来源：学校网站或党办机构
FR_NAME	法人姓名	VARCHAR2(60)	否	
FR_TEA_NO	法人工号	VARCHAR2(60)	否	
FR_ZW	法人职务	VARCHAR2(60)	否	
FR_EMAIL	法人邮箱	VARCHAR2(60)	否	
FR_OFFICE_PHONE	法人区号-电话	VARCHAR2(60)	否	例：0396-1234567
FR_FAX_PHONE	法人区号-传真	VARCHAR2(60)	否	例：0396-1234567

表 4-4 LQ_JC_XX_LSYG(学校历史沿革)

字段 ID	字段中文名	类型	可否空	解释 / 举例
ID	ID	VARCHAR2(60)	否	主键，无特殊含义，唯一标识，不可重复
NAME_	简介	VARCHAR2(2000)	否	
YEAR_MONTH	获得年月	VARCHAR2(20)	否	格式：YYYY-MM

表 4-5 Q_JC_XX_RY(学校荣誉)

字段 ID	字段中文名	类型	可否空	解释 / 举例
ID	ID	VARCHAR2(60)	否	主键，无特殊含义，唯一标识，不可重复；
XXRY_GRADE_CODE	学校荣誉级别 CODE	VARCHAR2(20)	否	1.国家级；2.省部级；3.市厅局级；9.其他
TITLE	荣誉简介	VARCHAR2(200)	否	
DETAILS	荣誉详情	VARCHAR2(2000)	否	
YEAR_MONTH	获得年月	VARCHAR2(20)	否	格式：YYYY-MM
XXRY_TYPE_CODE	荣誉类型	VARCHAR2(20)	否	
IS_PROJECT_APPROVAL	是否立项	NUMBER(1)	否	
IS_TASK_THE_HEAD	是否牵头	NUMBER(1)	否	
IS_JOIN	是否参与	NUMBER(1)	否	
IS_ASSUME_HOLD	是否承办	NUMBER(1)	否	

表 4-6 LQ_JC_XQ(校区基本信息表)

字段 ID	字段中文名	类型	可否空	解释 / 举例
ID	ID	VARCHAR2(60)	否	主键，无特殊含义，唯一标识，不可重复
CODE_	校区代码	VARCHAR2(60)	否	校区编码
NAME_	校区名称	VARCHAR2(100)	否	校区名称
XX_ID	学校代码	VARCHAR2(60)	否	学校代码
ORIGIN_PID	所在省 / 自治区 / 直辖市 _ID	VARCHAR2(20)	否	行政区划代码（6 位）
ORIGIN_ID	所在城市 / 区 / 地市 _ID	VARCHAR2(20)	否	行政区划代码（6 位）

字段 ID	字段中文名	类型	可否空	解释 / 举例
XX_CREATE_YEAR_MONTH	校区建立年月	NUMBER(7)	否	行政区划代码（6 位）
ADDRESS	校区地址	VARCHAR2(200)	否	行政区划代码（6 位）
ISTRUE	可用	NUMBER(1)	否	
ORDER_	排序号	NUMBER(4)	否	
OFFICE_PHONE	区号 - 办公电话	VARCHAR2(30)	否	例：0396-1234567
FAX_PHONE	区号 - 传真电话	VARCHAR2(30)	否	例：0396-1234567
DOMAIN	校区 (局域) 网域名	VARCHAR2(60)	否	
BZ	备注	VARCHAR2(600)		
CREATE_USER	创建人	VARCHAR2(60)		
CREATE_TIME	创建时间	VARCHAR2(23)		
UPDATE_USER	更新人	VARCHAR2(60)		
UPDATE_TIME	更新时间	VARCHAR2(23)		

表 4-7　LQ_CODE_DEPT（组织机构表）

字段 ID	字段中文名	类型	可否空	解释 / 举例
ID	ID	VARCHAR2(60)	否	主键，无特殊含义，唯一标识，不可重复
CODE_	代码	VARCHAR2(60)	否	代码不能重复
NAME_	名称	VARCHAR2(100)	否	
PID	父节点	VARCHAR2(60)	否	
PATH_	全息码	VARCHAR2(200)	否	例：0001/00010001
LEVEL_	层次	NUMBER(2)	否	0/1/2/3（不可变更）
LEVEL_TYPE	层次类型	VARCHAR2(20)	否	XX/YX、BM、JXDW/KS/ZY（不可变更）
ISTRUE	可用	NUMBER(1)	否	1/0
ORDER_	排序号	NUMBER(4)	否	例：1/2/3……
PINYIN	拼音	VARCHAR2(60)	否	
NAME_SHORT	简称	VARCHAR2(60)	否	
PINYIN_SHORT	简称拼音	VARCHAR2(60)	否	
DES	描述	VARCHAR2(200)	否	

续表

字段 ID	字段中文名	类型	可否空	解释 / 举例
CODE_CATEGORY_TYPE	类型	VARCHAR2(60)	否	
ID_USER_CREATE	创建人	VARCHAR2(60)	否	
UPDATE_TIME	更新时间	VARCHAR2(60)	否	
ID_USER_UPDATE	更新人	VARCHAR2(60)	否	

表 4-8　LQ_ZZJG_SS_SSL（宿舍楼基本信息表）

字段 ID	字段中文名	类型	可否空	解释 / 举例
ID	ID	VARCHAR2(60)	否	主键，无特殊含义，唯一标识，不可重复
CODE_	宿舍楼代码	VARCHAR2(60)	否	
NAME_	宿舍楼名称	VARCHAR2(100)	否	
XQ_ID	校区代码	VARCHAR2(60)	否	
SSL_CREATE_YEAR_MONTH	宿舍楼建立年月	VARCHAR2(7)	否	例：1990-01
ISTRUE	可用	NUMBER(1)	否	
ORDER_	排序号	NUMBER(4)	否	
FLOORS	楼层数	NUMBER(3)	否	宿舍楼共多少层
ROOMS	房间数	NUMBER(5)	否	宿舍楼共多少房间
RZ_SEX	入住性别	NUMBER(1)	否	（男：1| 女：2| 混合：3）
BZ	备注	VARCHAR2(200)		
CREATE_USER	创建人	VARCHAR2(60)		
CREATE_TIME	创建时间	VARCHAR2(23)		
UPDATE_USER	更新人	VARCHAR2(60)		
UPDATE_TIME	更新时间	VARCHAR2(23)		

二、数据资产管理

（一）数据资产管理概述

国外对"数据资产管理"的定义为：数据资产管理（Data Asset Management，简称 DAM）是规划、控制和提供数据及信息资产的一组业务职能，包括开发、执行和监督有关数据的计划、政策、方案、项目、流程、方法和程序，从而控制、保护、交付和提高数据资产的价值。

"数据资产管理"一词，在国内首次由 DAMS（中国数据资产管理峰会）组委会正式提出。

数据管理的概念从 80 年代提出已经接近 40 年了，数据治理的提法也有近 20 年了，而数据资产管理的提出基本是最近 5 年的事情，中国数据资产管理峰会对数据资产管理的定义为是对数据管理、数据治理及数据资产化的管理过程。

"数据资产管理"一词，在国内首次由 DAMS（中国数据资产管理峰会）组委会正式提出。首届"中国数据资产管理峰会"由上海市经济和信息化委员会指导，上海市云计算产业促进中心主办，新炬网络、51CTO 联合承办。旨在搭建一个数据资产管理思想碰撞与交流的平台，与业界同人一起分享领先的数据资产管理理念与实践经验。致力于将"中国数据资产管理峰会"打造为数据资产管理领域的标杆峰会，推动中国数据资产管理行业的发展。

图 4-21　数据资产管理

（二）数据资产及其管理的重要性

资产是个人或组织控制的有价值资产，企业资产有助于实现企业的目标，数据以及数据产生的信息已经被公认为是企业的资产。

离开高质量的数据，很难有企业仍然可以高效运行。今天，各企业都依赖于它们的数据资产以做出更明智和有效的决策。市场领导者正利用数据资产，通过丰富的客户资料、信息创新使用和高效运营取得竞争优势。企业通过数据资产，提供更好的产品和服务，降低成本，控制风险。随着企业对数据需求的不断增长，以及企业对数据依赖性的不断增强，人们可以越来越清楚地评估数据资产的商业价值。

每一个企业都需要有效地管理其日益重要的数据，通过业务领导和技术专家的合作，数据资产管理职能可以有效地提供和控制数据和信息资产。

（三）国际数据资产管理相关组织

在国外随着数据管理行业的成熟和发展，数据资产管理作为一门专业管理领域被人们广泛研究和总结，国外一些数据资产领域的专家和学者成立了数据资产管理专业论坛和组织 DAMA International，同时总结出数据资产管理相关理论指导体系 DAMA DMBOK。

（四）共同责任

数据资产管理是 IT 组织的数据管理专业人员和业务数据管理专员之间的共同责任，它们代表数据生产者和数据消费者的集体利益。

业务数据管理专员充当数据授权委托人，通常由相关领域公认的专家和业务领导担任，代表了其组织的数据利益，并承担了数据质量和使用方面的责任。

数据管理专业人员是数据资产的专家监护人和技术托管人，通过保证数据及其元数据质量来确保数据资源满足业务需求。

（五）职能架构

数据资产管理一般认为有十大数据管理职能：

★数据治理；

★数据架构管理；

★数据开发；

★数据操作管理；

★数据安全管理；

★参考数据和主数据管理；

★数据仓库和商务智能管理；

★文档和内容管理；

★元数据管理；

★数据质量管理。

三、数据资产可视化

随着计算机技术、网络技术、信息技术的飞速发展，人们对互联网环境下数据的呈现提出了更高的要求。传统的以表格为主的呈现方式已难以满足人们多样化的需求。为了适应网络大数据时代背景下信息的充分挖掘再利用，数据可视化的研究逐渐得到越来越多的重视。国外数据可视化技术的研究起步较早，目前已经在军事、电力、金融、商业、交通、通信、物流等领域内得到了广泛的应用。近几年，我国的数据可视化技术研究与应用取得了很大的进步，数据可视化技术逐步深入各行各业。

针对单位资产管理的现状，把可视化技术与单位资产管理系统相互结合，设计了可视化的资产管理系统。与传统的资产管理系统相比，可视化的资产管理系统具有更加直观的表现形式，能更好地展现出资产数据之间的相互关系，挖掘出数据背后隐含的信息。基于数据的可视化资产管理系统，能有效地提高资产管理效率。

（一）数据资产

数据资产是指由个人或企业拥有或者控制的，能够为企业带来未来经济利益的，以物理或电子的方式记录的数据资源。

具体来讲，数据资产是指以个人或企业的照片、文档、图纸、视频、数字版权等文件为载体的数据，相对于实物资产以数据形式存在的一类资产。数据资产被认为是数字时代最重要的资产形式之一。

（二）数据可视化

1. 数据可视化的定义

数据可视化就是利用计算机强大的运算处理能力，综合图像处理、计算机图形学等技术，把海量的数据以静态的或者动态的图形形式展现给用户，在呈现给用户图形的同时，支持图形与用户之间的交互。数据可视化的实质就是以图形化的方式直观、形象地展示数据的特征、数据之间的关系以及发展趋势等，从而挖掘出数据背后隐藏的信息，为人们分析、理解、利用数据提供强有力的技术支撑。

为了增强用户的体验度，数据可视化应该朝着四个方向努力：

★直观化——能形象、直观地展示数据。

★关联化——能挖掘、分析出数据之间的内在联系。

★交互性——能实现用户、数据之间的交互，用户对感兴趣的数据能进行深度挖掘呈现。

★艺术化——能从审美的角度，美化数据的呈现样式，增强数据的呈现效果。

2. 数据可视化的过程

数据可视化的过程主要包括数据获取、数据分析、数据过滤、数据挖掘、数据表述、数据修饰和数据交互七个步骤。数据获取是指通过传感器或者人工操作的方式对数据进行采集，采集的数据作为数据源提供给计算机处理；数据分析和数据过滤是指对采集到的数据提取有用信息形成概括性结论，并进行结构化处理的过程；数据挖掘是指运用数据挖掘算法，对数据进行分类、归纳，从数据集中挖掘出数据的典型特征；数据表述是用规范化的语言格式，以图、表、动画等形式进行呈现的过程。为了增强用户的体验度，一般辅以颜色、过滤等渲染形式对数据进行修饰；数据交互实现数据与用户相互操作，使数据能响应用户的请求。

目前数据可视化的主要方法有基于 Java Applet(用 Java 语言编写的小应用程序) 的轻量级 Web 动态图表、面向网络应用的 SVG(可伸缩矢量图形) 矢量图以及基于 Java Script(一种解释性脚本语言) 的第三方控件等。基于 Java Script 的第三方控件支持 Java、HTML、PHP、aspx 等开发语言，兼容大多数主流浏览器，是数据可视化的首选。

（三）资产管理系统

资产管理系统是借助计算机技术，利用信息化的管理手段，对资产的增加、修改、入库、出库、维修、查询、借用、归还、调拨、领用、故障、报废等情况进行管理，为单位进行资产全程跟踪，发挥资产的使用效益，提高工作效率。

1. 系统架构

系统采用 B/S 架构，以 Web 技术为核心，参照软件工程的思想，进行层次化设计，通过浏览器这种瘦客户端模式提供用户操作界面，便于用户访问和查看系统信息。Web 技术成熟地应用到资产管理，具有较高的可移植性和通用性。固定资产管理系统具有资产管理、耗材管理、维修管理、报表中心、系统管理等功能。系统的总体结构如图 4-22 所示，分为基础层、数据层、支撑层和表示层。

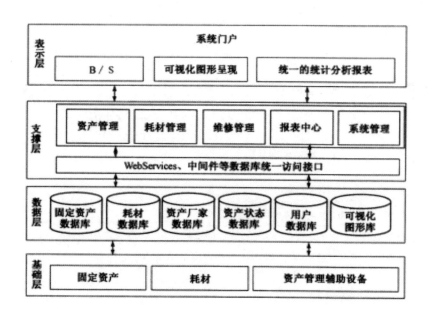

图 4-22　资产管理系统框架结构

（1）基础层包含资产、耗材、网络、服务器、存储设备等系统运行的基础设备设施和基本条件。

（2）数据层包含系统运行的各种数据库。在资产管理系统中，系统运行的数据库分为固定资产数据库、耗材数据库、资产厂家数据库、资产状态数据库、用户数据库、可视化图形库等。

（3）支撑层位于表示层和数据层之间，为系统提供访问数据库的统一访问接口，有资产管理、耗材管理、维修管理、报表中心、系统管理等主要功能。支撑层处理前端用户的查询等访问请求，并把请求的结果返回到表示层。

（4）表示层以 Web 方式为用户提供访问系统的可视化人机交互界面以及多样化的数据呈现界面。

2. 系统功能

在传统的 B/S(浏览器 / 服务器) 架构的资产管理系统中，当用户访问系统时，客户端根据用户的操作产生不同的参数提交给服务器端，服务器根据客户端不同的请求参数，执行相应的动作，进行请求响应；并把响应的结果以 DataTable、DataSet 等格式化的数据列表形式返回给客户端，由客户端的数据呈现控件进行呈现，客户端的呈现方法大部分都是列表的形式。在可视化的资产管理系统中，服务器端响应客户端的请求结果以 XML(可扩展标记语言)、JSON(JavaScript 对象表示法) 或者其他的数据格式送给 XML/JSON 数据解析器，解析后的数据交由 JavaApplet、SVG 或其他第三方可视化呈现控件在客户端进行二维或者三维可视化呈现。在客户端可视化的呈现支持与用户之间的交互等操作，用户的访问流程如图所示。

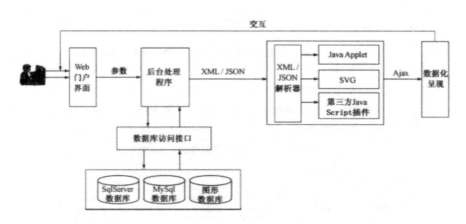

图 4-23　可视化资产管理系统用户访问流程

（四）专题数据分析系统

系统依据学校现实数据和国家行业数据完成对比分析和定位分析，从数据分析中找出学校的优势指标和劣势指标并实现告警，辅助质量控制、考核牵引和领导决策，预警信息同步推送至学校质量管理平台完成问题的跟踪和改进。

平台系统分为两大类专题：一是五个层面，学校、专业、课程、教师、学生的基本概况展示的专题分析，对于每一层面从不同的维度剖析，尽量提供该层面相关的所有信息；并且支持下转到明细数据和具体每一个个体分析，包含基本校情、专业情况、课程情况、师资情况、学生情况、科研成果、招生就业、获奖情况等综合及专题分析。二是以问题为聚焦的问题专题分析，旨在从数据出发，以量化的信息分析教学、管理过程中存在的难点问题或以大数据为辅助提供决策的数据依据。

专题的各个层面使用标签卡的形式进行展现，标签卡内包含该层面的概要统计信息不同的选项卡之前可以定时自动切换。对于有分维度剖析的层面，点击进入分析即可下钻至不同维度进行分析。

对于不同维度的分析内容，使用简单易懂的数字、图表、表格等不同形式进行展现，对于核心指标应可点击下钻至趋势分析或明细数据。图表的格式不只限于柱形图、曲线图、仪表图、行政区划图、堆叠图等类型实现切换年份功能，通过切换不同的年份查看对应年份对应的总体卡片数据、各层面数据、个体各层面数据、下钻明细数据等内容。

图4-24　专题数据分析系统主要模块

1. 生源质量评价专题

系统支持通过多种方式集成采集每个学生入学成绩的数据，通过生源质量计算，得到最终学校某届学生的生源质量。

（1）总体生源质量分析

系统支持总体生源质量分析的分析针对全校指定年份招生人数、生源质量指数、生源质量上升及下降的专业数、近两年新生分值区间分布、本年新生省校分值区间分布、历年生源质量指数变化情况、历年生源质量指数上升下降专业变化情况、专业生源质量指数排名、专业生源质量指数增长率排名、专业生源质量指数预警等内容进行分析。

系统支持分值分布去年的放大详细展示，支持排名数据的下钻展示全部排名数据进行展示。

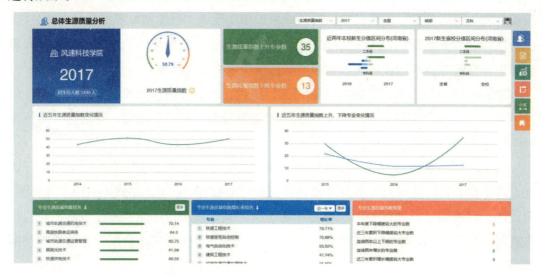

图 4-25　总体生源质量分析

（2）专业分值汇总明细

系统支持专业分值汇总明细针对全校所有专业的平均分、中位分、最高分、最低分、总人数、专科一批、本科三批、本科二批、本科一批、其他的内容的详细数据展示，其中每列数据均可单独进行排序；可以切换不同年份、行政区域、招生类型、文理科等内容进行分析。

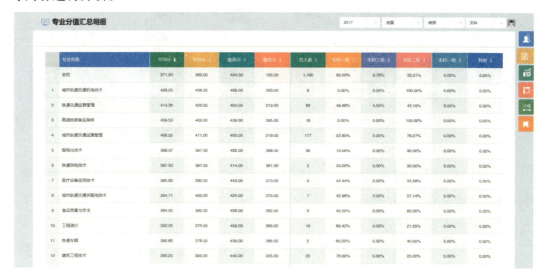

图 4-26　专业分值汇总明细分析

（3）历年数据汇总分析

系统支持历年数据汇总分析针对全校所有专业近 5 年的生源质量变化情况，可以单独按某一年进行排序，可以切换数据类型、行政区域、招生类型、文理科等内容进行分析。

图 4-27　历年数据汇总分析

（4）专业生源质量及变化分析

系统支持专业生源质量及变化分析针对全校所有专业的生源质量指数、本年度增长率、近 2 年增长率、近 3 年增长率、近 5 年增长率等内容，其中每列数据均可单独进行排序，可以切换年份、行政区域、招生类型、文理科等内容进行分析。

图 4-28　专业生源质量及变化分析

（5）专业分值区间占比分析（一分一段表）【演示项】

系统支持专业分值区间占比分析针对全校所有专业按照不同生源质量指数分值区间的人数分布及占比情况，如按照 100~200、200~300、300~400、400~500、500~600 设置区间；同时支持设置区间分值间隔；可以切换年份、行政区域、招生类型、文理科等内容进行分析。

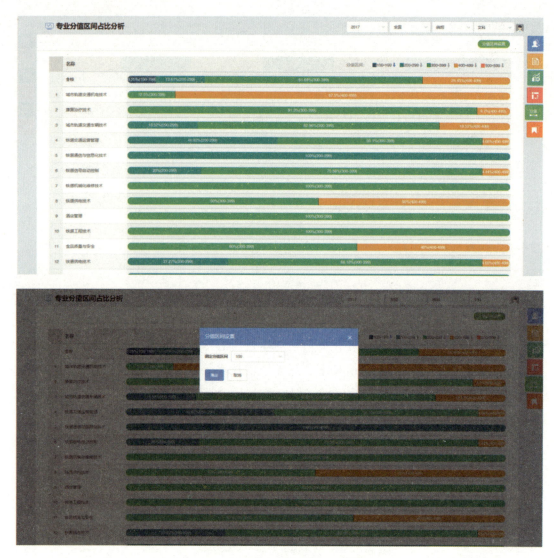

图 4-29　专业分值区间占比分析

（6）分类型生源质量分析【演示项】

系统支持分类型生源质量分析针对按区域生源质量按不同区域类型（省内、省外、城市、农村）进行报道人数、生源质量指数、生源质量指数增长率、历年生源质量指数变化情况，本省及全国生源质量指数分布情况、本省分地市历年生源质量指数变化、按民族／性别／年龄生源质量指数分布及历年生源质量指数变化情况等内容进行分析。

图 4-30　分类型生源质量指数分析

2. 专业备案专题

（1）专业大类总体分析【演示项】

系统支持专业大类总体分析针对指定年份全国或各省份备案专业大类数、备案专业数上升的大类数量、下降的大类数量以及历年分大类专业备案数变化情况、分专业大类专业备案数、专业备案增长率、备案学校数排名情况等内容进行分析。

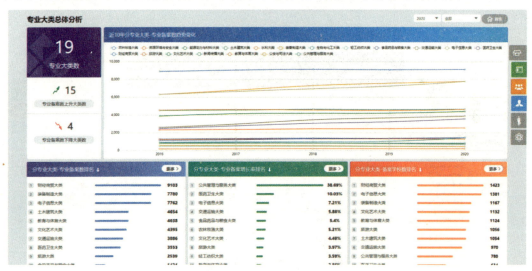

图 4-31　专业大类总体分析

（2）专业大类备案分析

系统支持专业大类备案分析针对指定年份、专业大类全国或各省份专业类、专业数、专业备案数、专业备案数排名、备案学校数、备案学校数排名、备案学校数上升专业数、备案学校数下降专业数，以及历年专业备案数、备案上升、下降专业数据的变化情况、专业类备案情况排名、专业备案情况排名、全国分区域备案数分布等内容进行分析。

图 4-32　专业大类备案分析

（3）专业备案基本分析

系统支持专业备案基本分析针对本校备案不同年度备案数、新增备案数、取消备案数、涉及专业、涉及专业类、涉及专业大类以及历年备案变化情况、校内分专业大类备案数分布情况、分专业类备案数排名、分备案年限、学制备案数分布情况等内容进行分析。

图 4-33　学校专业备案基本分析

（4）专业备案透视分析

系统支持专业备案透视分析针对指定年份、专业大类全国或各省份学校开设的专业数据、备案数上升数量、备案数下降数量、备案排名上升数量、备案排名下降数量，以及每一个专业的备案详情，包含排名、排名变化、今年备案数、净增长、新增备案数、取消备案数等内容进行分析。

图 4-34　学校专业透视分析

（5）专业备案单专业分析

系统支持专业备案单专业分析针对指定年份全国或各省份针对本校指定专业的备案状态、备案数、备案学校数、新增备案数、取消备案数、备案排名、备案增长率、全国分省份备案学校数分布、历年备案数以及备案排名的变化情况等内容进行分析。

图 4-35　单专业分析

（6）列表专业备案分析

系统支持列表专业备案分析针对指定年份、专业大类全国或各省份专业大类、专业类、专业代码、备案排名、备案排名变化、备案数、备案数净增长、备案学校数、备案学校净增长等内容进行分析。

专业代码	专业名称	专业类名称	专业大类名称	排名	排名变化	备案数	备案数净增长	备案学校数	备案学校净增长
630302	会计	财务会计类	财经商贸大类	1	0	1562	-5	1177	-17
630801	电子商务	电子商务类	财经商贸大类	2	0	1329	48	1017	13
610201	计算机应用技术	计算机类	电子信息大类	3	5	1089	126	821	71
560301	机电一体化技术	自动化类	装备制造大类	4	-1	1086	18	801	0
640101	旅游管理	旅游类	旅游大类	5	-1	1011	9	807	-9
630701	市场营销	市场营销类	财经商贸大类	6	-1	997	1	889	-2
630903	物流管理	物流类	财经商贸大类	7	0	982	5	833	-13
610202	计算机网络技术	计算机类	电子信息大类	8	-2	887	-102	728	-28
560702	汽车检测与维修技术	汽车制造类	装备制造大类	9	0	885	-2	622	72
540301	建筑工程技术	土建施工类	土木建筑大类	10	0	855	0	664	84
540502	工程造价	建设工程管理类	土木建筑大类	11	0	844	-1	729	0
640105	酒店管理	旅游类	旅游大类	12	0	809	34	666	12
670102K	学前教育	教育类	教育与体育大类	13	1	769	92	556	65
560302	电气自动化技术	自动化类	装备制造大类	14	-1	730	23	603	4
610205	软件技术	计算机类	电子信息大类	15	1	691	23	628	11
560309	工业机器人技术	自动化类	装备制造大类	16	1	677	72	610	51

图 4-36　列表专业备案分析

3. 招生就业专题

（1）招生计划分析

系统支持招生计划分析针对不同年份、招生类型、文理科的计划完成率、计划人数及变化、录取人数及变化、计划/录取/完成情况按省内外、普通类/艺术类/中外合作类分析、招生计划人数、录取人数、完成率变化趋势、计划及录取预警、分省招生计划及完成情况、分院系招生计划及完成情况、分专业招生计划及完成情况等内容进行分析。

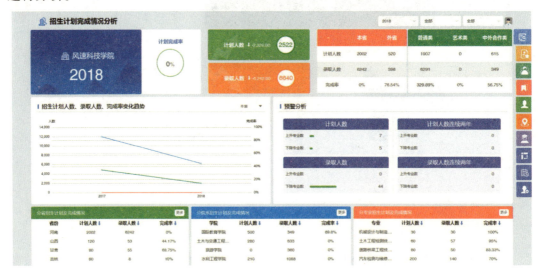

图 4-37　招生计划完成情况分析分析

（2）一志愿分析

系统支持一志愿分析针对不同年份、招生类型、文理科的计划人数、录取人数、一志愿人数、一志愿率、调剂录取人数、调剂录取率及变化情况、分年度计划人数、一志愿人数、调剂录取人数变化、分年度一志愿率、调剂录取率变化、一志愿录取情况分析等内容进行分析。

图 4-38　第一志愿录取分析

（3）新生报到分析

系统支持新生报到分析针对不同年份、招生类型、文理科的新生报到率及变化、计划 / 录取 / 报到人数 / 率及变化、不同类型报到率汇总、分省录取情况、分院系录取情况、分专业录取情况等内容进行分析。

图 4-39　新生报道分析

（4）分省招生计划情况汇总

系统支持分省招生计划情况汇总针对不同年份、招生类型、文理科的各省份、院系、专业的计划人数、录取人数、完成等内容进行分析。

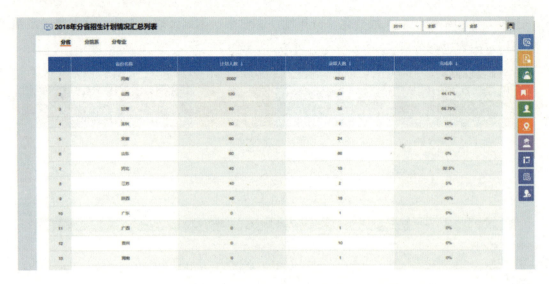

图 4-40　2018 年分省招生计划情况汇总列表

（5）分省一志愿情况汇总

系统支持分省一志愿情况汇总针对不同年份、招生类型、文理科的各省份、本省统招、本省单招的计划人数、一志愿人数、一志愿率、调剂录取人数、调剂录取率等内容进行分析。

图 4-41　2018 年分省一志愿情况汇总列表

（6）分省新生报到情况汇总

系统支持分省新生报到情况汇总针对不同年份、招生类型、文理科的各省份、院系、专业的录取人数、报到人数、报到率等内容进行分析。

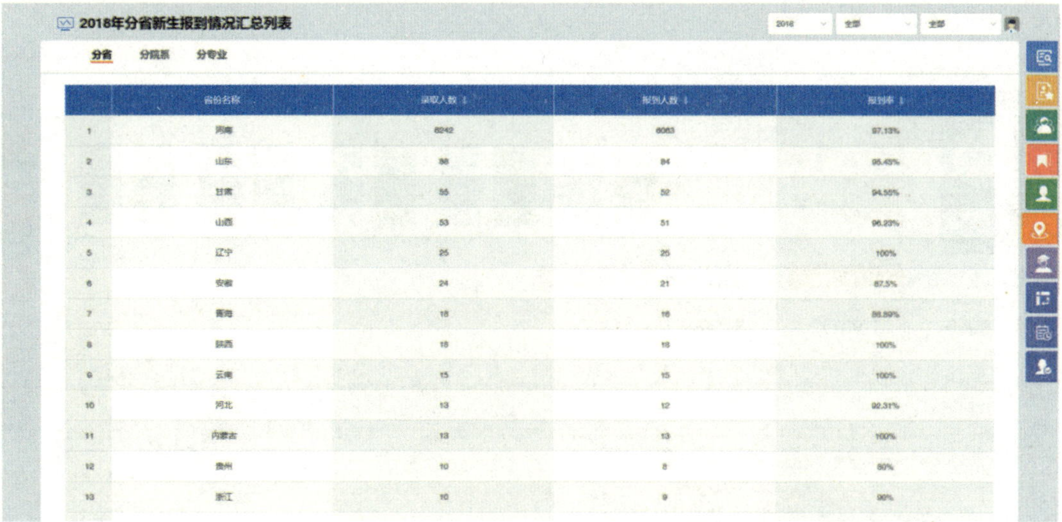

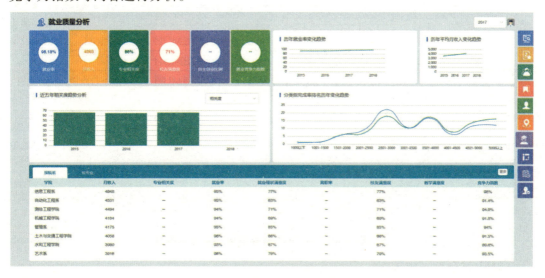

图 4-42　2018 年分省新生报道情况汇总列表

（7）就业质量分析

系统支持就业质量分析针对不同年份的就业率、月收入、专业相关度、校友满意度、自主创业比例、就业竞争力指数、历年就业率变化趋势、历年平均月收入变化趋势、近五年相关度趋势分析、相关度、分类别完成率排名历年变化趋势、分院系/专业的月收入、专业相关度、就业率、就业现状满意度、离职率、校友满意度、教学满意度、竞争力指数等内容进行分析。

图 4-43　就业质量分析

（8）就业分布分析

系统支持就业分布分析针对不同年份的毕业生数、初次就业率、年终就业率、历年就业率对比分析、省内就业人数、省外就业人数、男性就业人数、女性就业人数、就业区域分省分布、就业数量变化、分省就业情况、分院系就业情况、分专业就业情况等内容进行分析。

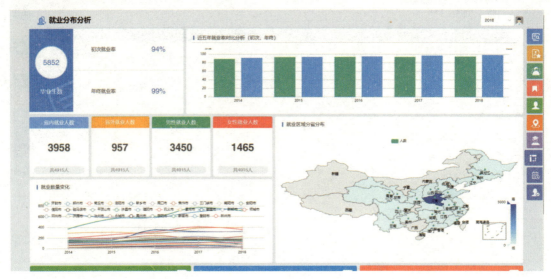

图 4–44　就业分布分析

（9）省外就业情况汇总

系统支持省外就业情况汇总针对不同年份的各省份、院系、专业的毕业生人数、就业人数、就业率等内容进行分析。

2018年省外就业情况汇总列表

分省　分院系　分专业

	省名称	毕业生人数	就业人数	就业率
1	山东省	120	120	100%
2	陕西省	91	91	100%
3	青海省	84	84	100%
4	浙江省	67	67	100%
5	安徽省	64	63	98.44%
6	甘肃省	60	56	93.33%
7	四川省	54	54	100%
8	吉林省	48	48	100%
9	山西省	40	39	97.5%
10	江苏省	38	38	100%
11	福建省	30	30	100%
12	辽宁省	24	24	100%
13	河北省	24	23	95.83%

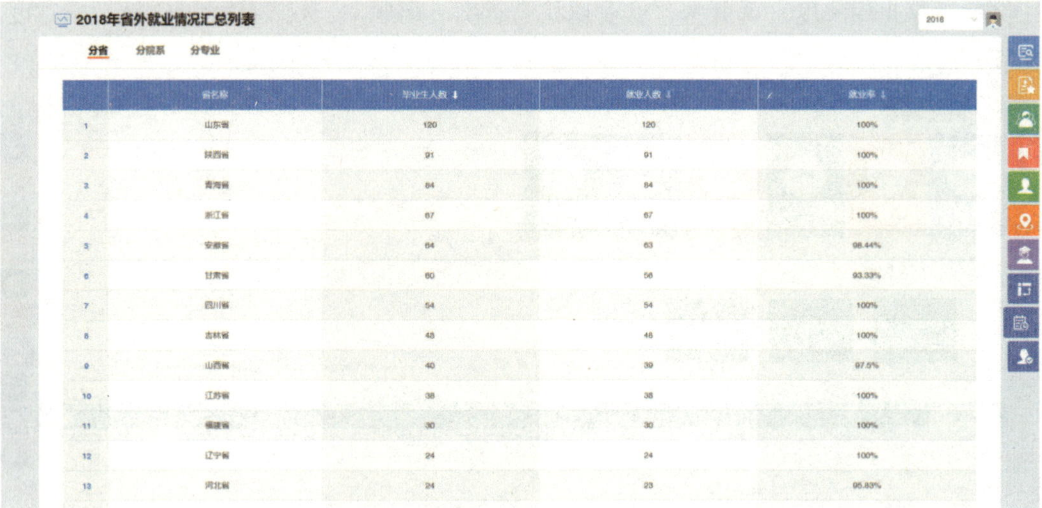

图 4–45　2018 年省外就业情况汇总列表

（10）分院系学生情况汇总

系统支持分院系学生情况汇总针对不同年份的各院系、专业的月收入、专业相关度、就业率、就业现状满意度、离职率、校友满意度、教学满意度、竞争力指数等内容进行分析。

2017年分院系学生情况汇总列表

分院系 分专业

	学院名称	月收入	专业相关度	就业率	就业现状满意度	离职率	校友满意度	教学满意度	竞争力指数
1	信息工程系	4,946.00	--	95%	77%	--	--	--	98%
2	自动化工程系	4,531.00	--	95%	63%	--	--	--	91.4%
3	测绘工程学院	4,494.00	--	94%	71%	--	--	--	94.9%
4	机械工程学院	4,184.00	--	94%	69%	--	--	--	91.8%
5	管理系	4,175.00	--	95%	85%	--	--	--	94%
6	土木与交通工程学院	4,058.00	--	96%	66%	--	--	--	91.5%
7	水利工程学院	3,960.00	--	93%	67%	--	--	--	89.6%
8	艺术系	3,916.00	--	96%	79%	--	--	--	93.5%
9	环境与化学工程系	3,636.00	--	96%	77%	--	--	--	91%
10	财经系	3,559.00	--	93%	77%	--	--	--	89%
11	旅游系	3,547.00	--	93%	83%	--	--	--	89.8%
12	国际教育学院	3,369.00	--	93%	82%	--	--	--	89.2%

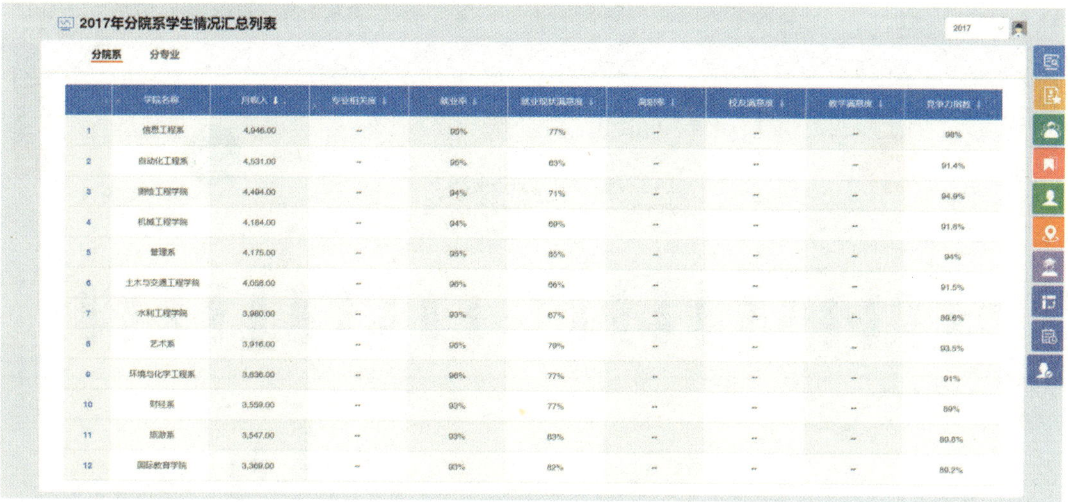

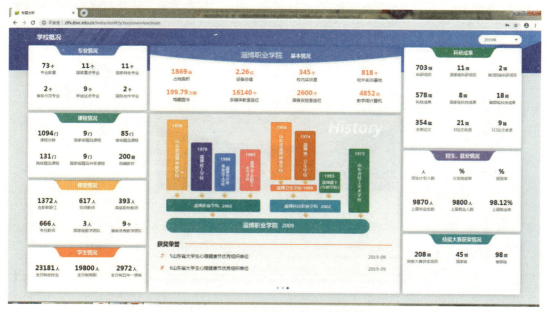

图 4-46　2017 年分院系学生情况汇总列表

4. 学校层面专题

学校基本办学条件的角度出发，从基础情况、设备仪器、图书馆藏、建筑、宿舍、入住、顶岗实习、招生、就业等信息展示以及学校的发展情况展示。同时在卡片页展示学校占地面积、建筑面积、校内实训基地总数、校外实训基地总数、多媒体教室座位数、教学用计算机数量等内容。

图 4-47　淄博职业学院概况信息

（1）仪器设备

仪器设备包含设备总数、设备总值、设备增量、设备增值、设备经费来源、设备单价区间、历年来设备存量、增量、设备存值、增值的变化情况、分设备使用年限数量分布情况等内容。

图 4-48　淄博职业学院设备仪器分析总览

（2）图书馆藏

图书馆藏包含图书总量、总值、新增册数、新增价值、生均图书册数、图书分类统计、图书类型、图书馆藏情况、历年增量变化情况、中文及外文图书馆藏情况等内容。

图 4-49　淄博职业学院图书馆藏概况

（3）建筑情况

建筑情况包含房屋总数、教学用房总数、教学用房建筑面积、教学用房总座位数、行政用房总数、行政用房建筑面积、教学用房分类型房间数分布、教学用房分类型座位数分布、座位数分区间分布、部门使用房间数量分布、分建筑物房间数分布。

图 4-50 淄博职业学院建筑基本情况

（4）宿舍基本情况

宿舍基本情况包含公寓楼总数、宿舍总数、床位总数、在校生总数、入住学生总数，以及以上指标的分性别数据统计，还有公寓楼床位数量分布、公寓楼情况明细。

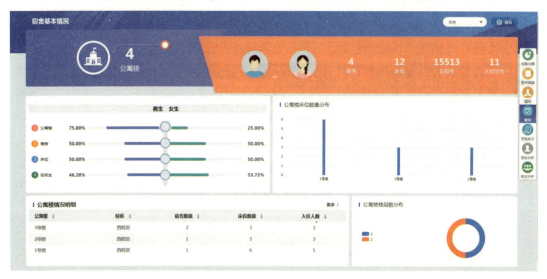

图 4-51 淄博职业学院宿舍基本情况

（5）宿舍入住情况

宿舍入住情况包含全校总的入住率、性别的宿舍入住率、床位数、空置床位、入住人数、未入住人数，还有入住人数分公寓楼分布、入住人数历年变化情况、未入住人数学院分布。

（6）顶岗实习

顶岗实习包含毕业生数、顶岗实习数、对口学生数、录取学生数、对口率、顶岗实习率、单位录取率，以及以上指标的历年变化数据，还有具体单个专业的顶岗实习率、对口率、录取率等指标。

图 4-52　淄博职业学院顶岗实习分析

（7）招生情况

招生情况含当年毕业生数、录取人数、报到人数、未报到人数、计划完成率、报到率、历年招生变化趋势、历年计划完成及报到变化趋势、计划分省分布情况、分专业报到情况、历年分学科报到情况、历年分考试类别报到情况等指标。

图 4-53　淄博职业学院招生数据分析

（8）就业情况

就业情况包含就业率、就业人数、毕业生数、就业率历年变化、专业就业率分布、分省就业人数分布、分就业单位性质人数分布、省内外就业人数分布、院系就业人数分布等指标。

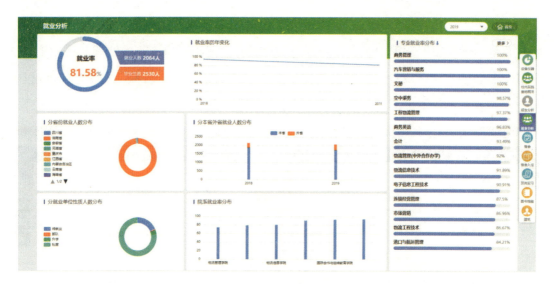

图 4-54　淄博职业学院就业数据分析

5. 专业层面专题

从专业的角度出发，从专业基本情况、专业在校生、专业师资、专业招生等多个维度展示专业的基本概况、同时展示专业群数、产学合作企业数、省级专业教学资源库数、专业数、国家骨干专业数、省级特色专业数、省级品牌专业数、校企共建专业数等内容。

图 4-55　风速学院数据中心系统主要模块

（1）专业总览

学校发展过程中专业数量的变化，不同年度的专业总数及各类专业建设情况，如国家级重点专业数、省级专业数、校级重点专业数、现代学徒制专业数、中外合作专业数、校企合作专业数；学校发展过程中学生变化的专业情况，近年在校生数上升、下降数的专业；学校发展过程中就业变化的专业情况，近 5 年就业率上升、下降专业数的变化情况；学校发展过程中招生变化的专业情况，近 5 年省内、省外招生专业数变化趋势；学校发展过程中课程实践课时变化的专业情况，近 5 年实践课时占比上升、下降专业数的变化情况；学校发展过程中专业明细信息（专业名称、在校生、实践课时比例、就业率、新生、教师数）。

图 4-56　风速学院专业画像总览

（2）专业组成

不同年度专业总数、和去年相比新开设数、国家级专业数、省级专业数、校级专业数、学徒试点专业数、国际合作专业数、校企合作专业数；

图 4-57　风速学院专业基本组成概况

历年分专业级别数量变化趋势；

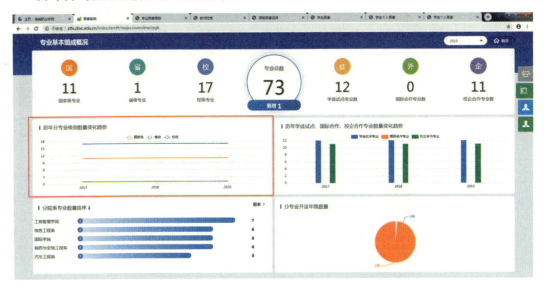

图 4-58　风速学院历年分专业级别数量变化趋势

历年学徒试点、国际合作、校企合作专业数量变化趋势；

图 4-59　风速学院历年学徒试点、国际合作、校企合作专业数量变化趋势

分院系专业数量排序；

图 4-60　风速学院分院系专业数量排序

分专业开设年限数量；

图 4-61　风速学院分专业开设年限数量

（3）专业课程

专业课程包含平均课程数、平均专业核心课时比例、平均实践课时比例、平均课时，以及以上四个指标为基准线，高于平均专业数，低于平均专业数，还有这四个指标各自平均、最高、最低、中位数的历年展示，还有分专业课程概况。

图 4-62　风速学院专业课程分析

（4）专业招生

不同年度全校或者分学院招生专业数、省外招生专业数、计划完成专业数、计划未完成专业数、计划超额完成专业数、全部报到专业数、部分报到专业数、仅文科招生专业数、仅理科招生专业数、文理科均招生专业数；

历年计划未完成、计划完成、计划超额完成、全部报到、部分报到专业数的变化趋势；

每个专业的招生计划数、录取数、报到人数、计划完成率、报到率、省外招生、文理科招生、只招文科、只招理科明细数据。

图 4-63　风速学院招生概况数据分析

（5）顶岗实习

顶岗实习包含各个专业的平均对口率，高于平均对口率专业数，低于平均对口率专业数，平均企业录用率，高于平均企业录用率专业数，低于平均企业录用率专业数，低于、高于平均对口率专业数历年变化，低于、高于平均录用率专业数历年变化，专业顶岗实习人数排序，专业对口率排序，专业录用率排序等。

图 4-64　风速学院顶岗实习数据分析

（6）就业概况

就业概况包含当年的就业专业数、就业率上升专业数、就业率下降专业数、就业率90%以下专业数、首次就业专业数，以及历年就业率上升、下降专业数变化，历年就业率90%以上、90%以下专业数变化，专业就业人数分区间分布，就业明细等。

图 4-65　风速学院就业概况数据分析

（7）单专业分析

系统通过搜索专业代码、专业名称，下钻至具体专业进行分层面分析统计。

1）单专业招生分析

单专业招生分析包含单专业下计划，录取，报到数，计划完成率，报到率，历年计划数、录取数、报到数变化趋势，历年计划完成率、报到率变化趋势，省内分地市历年报到人数变化趋势，分科类计划，录取，完成数，分省计划，录取，完成数。

图 4-66　风速学院会计专业—招生分析

2）单专业师资分析

单专业师资分析包含单专业下总人数，双师教师、高资格证书教师、骨干教师、专任教师、教学名师的指标，历年的展示，以及分职称人员数量、分教师类别人员数量、分学历人员数量、分年龄段人员数量、课程属性教师数、课程类型教师数；

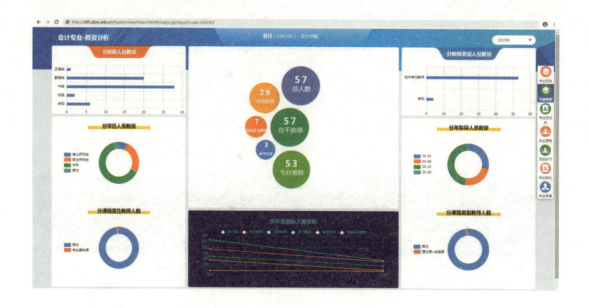

图 4-67　风速学院会计专业—师资分析

3）单专业在校生分析

单专业在校生分析包含单专业下当前年在校生总数，大一、大二、大三、大四的各阶段人数，专业在校生数历年变化趋势，分性别在校生人数，分民族在校生人数，分政治面貌在校生人数。

图 4-68　风速学院会计专业—在校生分析

4）单专业课程分析

单专业课程分析包含单专业下的课程数、实践课时比例、专业核心课时比例、安排课时数，以及以上四个指标分大一，大二，大三的数据，历年课程数变化趋势，历年实践课时占比变化趋势,历年课时数变化趋势,还有课程类型,课程属性,课程性质,分大一、大二、大三的课程数。

图4-69 风速学院应用化工技术专业—课程分析

5)单专业顶岗实习分析

单专业顶岗实习分析包含单专业下对口人数、实习对口率、顶岗实习数、毕业生数、企业录用人数、企业录用率、毕业生数、顶岗实习数、对口数、企业录用人数历年变化、实习对口率、企业录用率历年变化,以及实习对口率、企业录用率、顶岗实习数、企业录用人数,以上四个指标在全校所有专业的排名。

图4-70 风速学院应用化工技术专业—顶岗实习分析

6)单专业就业分析

单专业就业分析包含单专业下就业率、全校排名、就业人数、毕业生人数、合同就业人数、就业协议人数、升学人数、出国人数、待就业人数、义务兵人数、创业人数，以及省内省外就业人数，本地市、省内其他地市就业人数，分就业单位性质人数分布，就业率（专业平均、最高、最低、本专业）历年变化，就业人数（专业平均、最高、最低、本专业）历年变化；

图 4-71　风速学院应用化工技术专业—就业分析

6.课程层面专题

从课程的角度出发，从课程总览、课程组成、课时情况、授课教师、课程成绩等多个维度展示课程的基本概况。

同时展示课程数、精品课程/精品资源共享课程数（国家级）、精品课程/精品资源共享课程数（省级）、在线开放课程数、混合式课程数、校企合作开发课程数、实践课时比例等内容。

图 4-72 风速学院应用化工技术专业课程画像

（1）课程总览

学校在发展过程中，不同年度的实训基地数、校内实训基地数、校外实训基地数；

学校在发展过程中，不同年度的课程数量、国家级精品课程数、省级精品课程数、校企合作课程数、实践课时比例、理论课时比例；

学校在发展过程中，不同年度的授课教师数分布情况、分课程类型和课程属性；

学校在发展过程中，历年分课程类型课程数量的变化情况；

学校在发展过程中，分学院查看课时分布情况；

学校精品课程建设结果情况。

图 4-73　风速学院应用化工技术专业课

（2）课程组成

不同年度总课程数数、国家级精品课程数、省级精品课程数、校企课程合作数、今年开课课程数，以及历年来精品课程建设变化情况；

分院系、专业课程数量排名；

分课程类型（理论课、实践课＋理论课）课程数量分布以及历年变化情况；

分课程属性（公共课、专业基础课、专业课）课程数量分布以及历年变化情况；

分课程性质（必修课、限选课、任选课）课程数量分布以及历年变化情况。

图 4-74　课程组成概况

（3）课时情况

不同年度开课总课时数、实践课时比例、专业核心课时比例，以及历年来实践课时比例、专业核心课时比例变化情况；

专业核心课时比例在院系、专业、课程维度的排名；

实践课时比例在院系、专业、课程维度的排名。

图 4-75　课时概况

（4）授课教师

不同年度公共课授课教师数、专业基础课授课教师数、专业课授课教师数、理论课授课教师数、理论实践课授课教师数、实践课授课教师数，以及历年变化情况；

不同年度公共课授课教师、专业基础课授课教师、专业课授课教师、理论课授课教师、理论实践课授课教师、实践课授课教师的学历分布；

不同年度公共课授课教师、专业基础课授课教师、专业课授课教师、理论课授课教师、理论实践课授课教师、实践课授课教师的职称分布；

不同年度公共课授课教师、专业基础课授课教师、专业课授课教师、理论课授课教师、理论实践课授课教师、实践课授课教师的性别分布；

不同年度公共课授课教师、专业基础课授课教师、专业课授课教师、理论课授课教师、理论实践课授课教师、实践课授课教师的年龄分布；

不同课程授课教师数量排名。

图 4-76　授课教师概况

（5）成绩概况

不同学年学期考试课程数、课程平均及格率、课程最高及格率、课程平均优秀率、课程最高优秀率情况，以及平均及格率、最高及格率、平均优秀率、最高优秀率历年变化情况；

课程及格率的区间分布以及排名；

课程优秀率的区间分布以及排名。

图 4-77　课程成绩概况

（6）单课程分析

系统通过搜索课程代码、课程名称，下钻至具体课程进行分层面分析统计。该分析包含年度课程总数、国家级精品课程数、省级精品课程数、院级精品课程数、国家级精品共享课程数、自编教材等门数和历年的变化趋势。

1）单课程课时

单课程课时包含单课程下的总课时，全校排名，理论课时，实践课时，历年总课时、实践课时、理论课时变化情况，历年总课时排名变化情况，历年分专业总课时、实践课时、理论课时变化情况，开课专业课时情况等。

图 4-78　职业生涯规划课程—课时情况

2）单课程授课教师

单课程授课教师包含单课程下的授课教师数、专任教师数、专任教师比例、专任教师数排名、历年授课教师数、专任教师数的变化、授课教师职称分布、授课教师学历分布、授课教师年龄分布、授课教师明细。

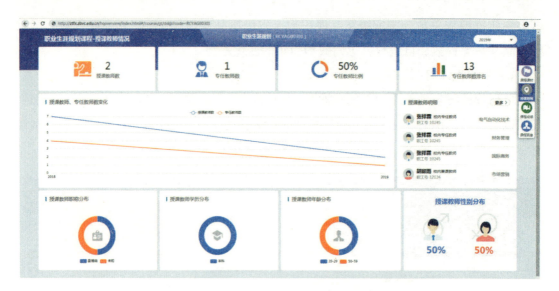

图 4-79　职业生涯规划课程—授课教师情况

3）单课程成绩

单课程成绩包含考试学生数，课程及格率，课程平均及格率，课程优秀率，课程平均优秀率，平均分，最高分，最低分，历年及格率、优秀率变化情况，历年最高、最低、平均分变化情况，分专业及格率优秀率情况，历年各个专业及格率、优秀率、平均分、最高分、最低分。

图 4-80　职业生涯规划课程—成绩分析

7. 教师层面

从教师的角度出发，从教师总览、教师组成、教学工作量、培训进修、挂职锻炼、社会实践、论文发表、专利发明、继续教育、资格证书等多个维度展示教师的基本概况。

系统可展示在职教师、省级教学名师、专任教师、双师教师比例、企业兼职教师数、国家级教学团队、省级教学团队、省级名师工作室、国家级技能大师工作室、国家级万人计划教学名师等内容；同时展示近几年来全校或者院系师资队伍的变化情况，包括总人数的变化、专任教师数的变化、骨干教师数的变化、教学名师数的变化。

（1）教师总览

学校发展过程中，不同年度的教师总数、正高级、副高级、博士、双师等教师数量以及历年的变化发展情况；

不同年度教师授课专业课程数量的排名情况。

不同年度教师授课课时工作量排名情况；

教师授课课时历年来的变化情况；

历年参与论文发表、著作发表、专利发明的人次变化情况；

历年来参与社会实践、培训进修、挂职锻炼的人数变化情况；

图 4-81 教师画像

（2）教师组成

不同年度教师总人数、专任教师、专业教师、骨干教师、教学名师的人数情况；

教师性别比例、籍贯省内省外比例情况；

分教师类别教师人数分布；

分职务级别教师人数分布；

分学历教师人数分布；

分年龄教师人数分布；

分授课课程属性教师人数分布；

分职称教师人数分布；

分政治面貌教师人数分布；

分民族教师人数分布情况。

图4-82　教师组成分析

（3）教学工作量分析（课时）

不同年度全校或者分院系、分类别教师人均课时、课时总数、授课教师人数、教师最高课时、最低课时、中位课时情况，以及人均课时、最高课时、最低课时、中位课时历年变化情况；

历年低于人均课时和高于人均课时教师人数的变化情况；

教师课时排名情况。

图4-83　教师教学工作量分析（课时）

（4）培训进修、挂职锻炼、社会实践

不同年度全校或者分院系培训进修、挂职锻炼、社会实践总人天、平均人天、参加人数、未参加人数以及历年总人头、平均人天、参加人数的变化情况；

分培训进修、挂职锻炼、社会实践天数的人数分布情况；

教师培训进修、挂职锻炼、社会实践天数排名。

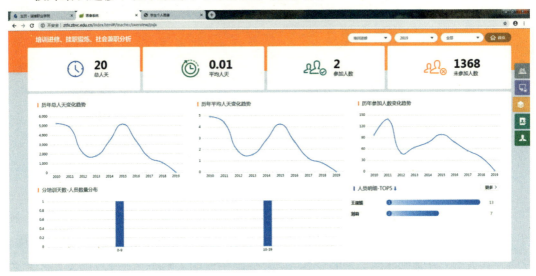

图 4-84　教师培训进修、挂职锻炼、社会兼职分析

（5）论文发表

不同年度全校或者分院系发表论人人数占比、未发表人数占比情况；

发表论文总人次、发表论文数以及历年发表论文数、教师人数、教师人次的变化情况；

分论文类型、分论文作者类型、分论文文献标识论文发表教师人次的分布情况；

分发表论文次数的教师数量分布情况。

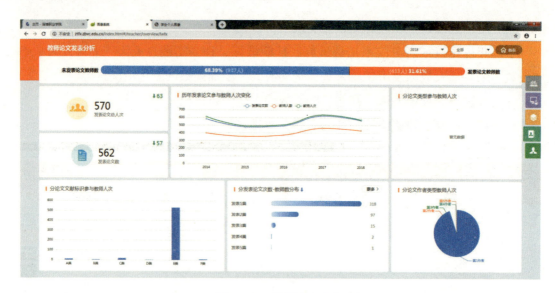

图 4-85　教师论文发表分析

（6）专利发明

专利发明包含发明专利教师数，未发明专利教师数，历年发明专利人数、发明专利数的变化趋势，分专利类型人员数量分布，分教师学历 - 发明专利人数，分教师职称 - 发明专利人数，分教师年龄 - 发明专利人数，分院系发明人数排名，分教师发明专利数排名。

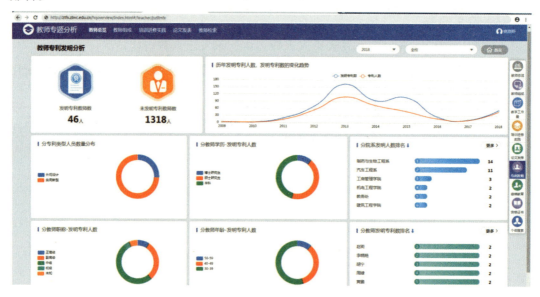

图 4-86　教师专利发明分析

（7）继续教育

继续教育包含学历提升教师数，升本科学历人数，升硕士学历人数，升博士学历人数，男性，女性人数，历年学历提升教师人次分析，分年龄提升人次分布，分院系部门学位提升教师人次。

图 4-87　教师继续教育分析（学历）

（8）资格证书

资格证书包含本年度获取职业技能证书人数，历年获取职业技能证书人数，初中高、无等级证书人数，分部门资格证书数量排名，分级别获得资格证书累计历年变化，分获证年限数量分布，分证书名称数量排名，分发证单位证书数量排名。

图 4-88　教师资格证书分析（最高）

（9）单教师分析

单教师分析包含年度在职教职工、双师教师、高级职称教师、专任教师、国家级教学团队、省级优秀教学团队等人数和历年的变化趋势。通过搜索教职工号、教师名称，下钻至具体教师进行分层面分析统计。

图 4-89　教师组成分析

1）单教师工作量分析

单教师工作量分析包含单教师校内专任教师排名、教师工作总课时、校内专任平均课时、全校平均课时、个人工作量的全校排名、个人课时、全校平均课时、校内专任平均课时历年变化趋势、个人校内专任排名、全校排名历年变化趋势、课时分理论实践组成、课时量按课程类型课时组成、课时量按课程属性课时组成、教师课时明细等。

图 4-90　张志浩—工作量分析

2）单教师论文分析

单教师论文分析包含单教师下的本年度论文数,历年累计论文数,本年度全校排名,累计全校排名,个人年度论文数历年变化趋势,个人年度论文数全校排名历年变化趋势,发表论文分类型数量分布，发表论文分作者类型分布，发表论文分文献标识分布，历年论文明细等。

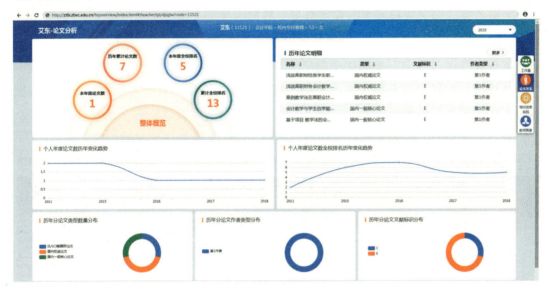

图 4-91　艾东—论文分析

3）单教师培训、进修、实践

单教师培训、进修、实践包含单教师下的培训、锻炼、实践天数，个人培训天数、全校平均天数历年变化趋势，个人锻炼天数、全校平均天数历年变化趋势，个人实践天数、全校平均天数历年变化趋势，教师培训明细等。

图 4-92　王淑媛—培训、进修、实践明细

（8）学生层面

从学生的角度出发，从学生总览、学生组成、生源地、成绩概况、违纪处分、学

籍异动等多个维度展示学生的基本概况。

同时展示全日制在校生、全日制高职、全日制五年一贯制、招生数、毕业生数、毕业生就业率、国家级技能大赛获奖数量、省部级技能大赛获奖等内容。

1）学生总览

学校在发展过程中，不同年度的学生总数、不同类型和性质的学生数量，包含学生整体情况，包括学生总数、大专人数、转段人数、五年一贯制人数、校企合作、国际合作、艺术生、少数民族等，在校生变化情况、学生生源地分布、就业率变化情况、学籍异动变化情况、技能大赛获奖情况、各院系学生人数变化情况等内容。

图 4-93　学生画像

2）学生组成

不同年度全校或者分院系在校生人数、新生人数、预毕业人数以及历年在校生人数的变化情况；

在校生性别比例、省内省外比例情况分布；

分生源类型、分招生方式、分民族、分年龄等在校生数量分布情况；

各院系、专业在校生人数排名分布。

图 4-94　学生组成概况

3）生源地

不同年度学生总数、外省人数、本省人数、本地市人数、本省其他地市人数以及本省外省人数历年变化情况；

在校生生源全国分布情况；

分年级省内省外人数分布情况；

历年省内各地市人数变化情况；

省内分地市学生人数排名。

图 4-95　学生生源地概况

4）成绩概况

不同年度全校及各院系不同学期不同成绩区间的分布情况，包括优秀人次及优秀率、及格人次及及格率、挂科人次及挂科率、及格率优秀率变化、成绩分布、分性别及格率分布、分院系及格率排名、分院系优秀率排名、分学院优秀率变化等。

图 4-96　学生成绩概况

5）违纪处分

不同学年全校或者分院系违纪总人次、违纪总人数，违纪人数比例、处分总人次、处分总人数、处分率概况，以及历年违纪率、处分率变化情况；

违纪分违纪类型分布情况；

处分分处分类型分布情况；

分学院、专业违纪处分人次分布；

学生违纪次数、处分次数排名。

图 4-97　学生违纪处分概况

6）学籍异动

不同学年全校或院系下某学年的异动总人数，以及各个异动种类人数，如转专业、退学、休学、保留学籍等指标和异动指标的历年展示，还有分月份异动人数变化情况、分学院异动人数变化情况、分专业异动人数变化情况。

图 4-98　学生学籍异动变化情况

7）单学生分析

通过搜索学生学号、学生名称，下钻至具体学生进行分层面分析统计。

A. 单学生成绩

不同学年单个学生下的考试课程数，及格课程数，优秀课程数，挂科课程数，平均分，平均分班级排名,平均分专业排名,考试课程数、及格课程数、优秀课程数变化,历年平均分班级排名情况,个人考试成绩,分课程考试成绩。

图 4-99　张梓阳—成绩概况

B.学生违纪处分

不同学年单学生下的本年度违纪总次数,在校累计违纪总次数,本年度处分总次数,在校累计处分总次数,在校累计违纪分布,历年违纪处分次数变化,在校期间每学期违纪处分明细,在校违纪处分分布。

图 4-100　陈铭华—违纪处分概况

（9）科研与社会服务层面专题

从科研的角度出发,从科研项目、科研论文、专利发明、科研著作、成果奖励等多个维度展示学生的基本概况。同时,在卡片页展示市级以上科研项目、横向课题数、专利数、纵向课题数、年社会培训数量、校企协同技术创新平台等内容。

图 4-101　科研与社会服务模块内容

1）科研项目

学校在发展过程中，不同年度近几年科研项目总数、纵向项目总数、横向项目总数，以及近十年项目总数、纵向项目总数、横向项目总数的变化情况；

不同年度纵向科研项目分级别组成、横向科研项目分类型组成情况；

不同年度分部门科研项目分布情况；

学院科研项目成果明细情况。

图 4-102　科研项目组成分析

2）科研论文

学校在发展过程中，按照年份区段的论文情况，包括论文数、不同级别（A、B、C、D、E、F）的论文数量、论文数历年变化趋势、分部门发表论文数排名、分论文类别历年变化趋势、分论文作者数量分布等内容。

图 4-103　科研论文组成分析

3）专利发明

学校在发展过程中，按照年份区段的专利发明情况，包含专利数，专利类型包括发明专利、实用新型专利、外观设计专利，以及历年专利变化趋势，分部门专利数分布，分授权单位授权数量排名，分参与人数-专利数排名。

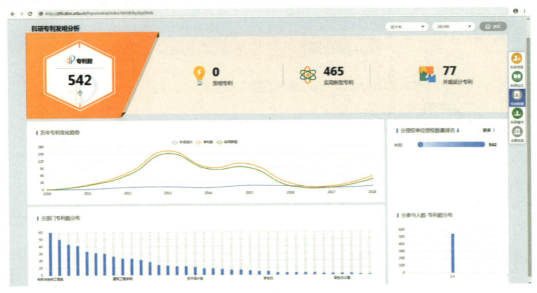

图 4-104　科研专利发明分析

4）科研著作

学校在发展过程中，按照年份区段的科研著作情况，包含全校著作数，分著作类别的编著、专著、其他，以及分出版社类别的国家级、省部级、市厅局级，还有历年著作数变化趋势，分部门著作数排名，分出版社出版数量排名，分字数（万字）数量分布，分作者人数 - 著作数量分布。

图 4-105　科研著作分析

5）成果奖励

成果奖励包含按照年份区段的包含成果奖励情况，不同奖励级别（市级、院校级、省部级、国家级）、不同奖励等级的成果奖励情况，历年奖励数变化趋势、分参与人数 - 奖励数分布、分部门奖励数分布等内容。

图 4-106　科研成果奖励分析

（10）教学质量分析专题【演示项】

1）教学质量总览

系统支持按照课堂教学质量评价模型，对模型内的分析变量从各个层次进行按学年学期的分析，包括全校、院系、专业、课程、教师、班级等层面，形成教学质量得分，并且支持按教学质量得分对各个维度的分值进行排名。

2）质量上升院系排名

系统支持按照学年学期对各院系质量得分进行排名。

3）报表分析

系统支持针对院系、专业、课程、教师、班级层面为各个层面展示课前、课中、课后的教学质量得分情况，并实现各层面上的横向对比分析。

4）课堂教学数据对接

支持从学校智慧课堂系统中对接师生教学互动数据来支撑教学质量模型评价的数据分析，与本系统的数据集成和服务集成包含在本次报价中。

支持从学校智慧课堂系统中对接师生教学互动数据来支撑教学质量模型评价的数据分析。

5）学校教学质量评价概况

系统支持对学校教学质量评价整体情况进行分析，通过对全校教学质量评价得分进行均值计算，呈现最新一次全院教学质量得分情况、环比变化情况、当前学期院系、专业、课程、教师、班级的 Top10 排名；根据昨日教师得分情况得出昨日上升或下降院系排名。对于分析的个体可以直接下钻至对应的分析页面。

图 4-107　教学质量模型评价得分

6）学校教学质量评价

系统支持呈现全校最新一次教学质量得分及不同教学环节、不同评价项目的具体得分情况，如课前（按知识树、资源、活动设计、教学单元设计）、课中（签到、课堂活动开展）、课后（教学日志、作业任务、随堂评价、答疑讨论），呈现院系、课程、专业、教师质量得分排名，每个排名均按照整体、课前、课中、课后进行分析。对于排名中的个体均可下钻至对应明细进行查看。

图 4-108　总体教学质量得分情况（2018-2019 年 第一学期）

7）院系教学质量评价

系统支持呈现指定院系最新一次教学质量得分及不同教学环节、不同评价项目的具体得分情况，如课前（按知识树、资源、活动设计、教学单元设计）、课中（签到、课堂活动开展）、课后（教学日志、作业任务、随堂评价、答疑讨论），呈现专业、课程、班级、教师质量得分排名，每个排名均按照整体、课前、课中、课后进行分析。对于排名中的个体均可下钻至对应明细进行查看。

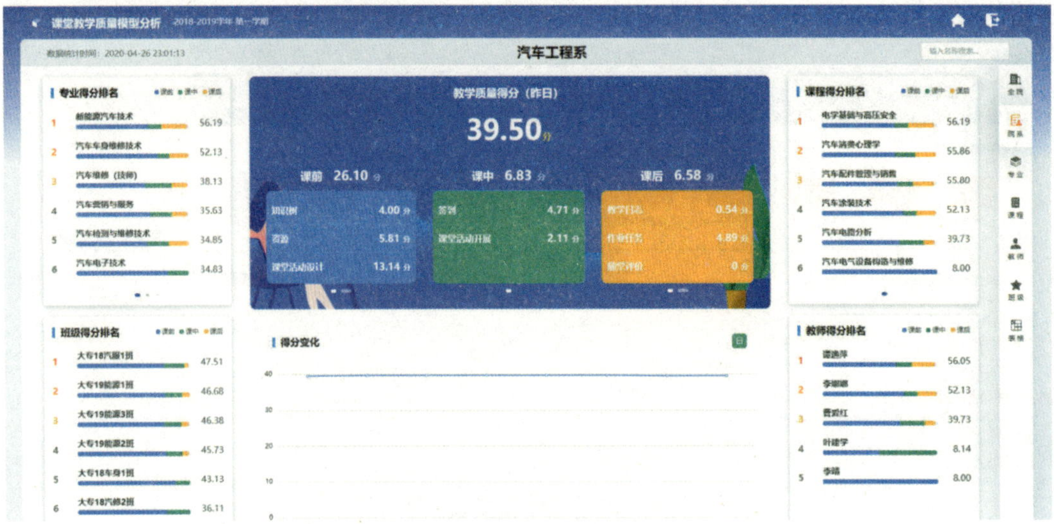

图 4-109　汽车工程系专业得分情况

8）专业教学质量评价情况

系统支持呈现指定专业最新一次教学质量得分及不同教学环节、不同评价项目的具体得分情况，如课前（按知识树、资源、活动设计、教学单元设计）、课中（签到、课堂活动开展）、课后（教学日志、作业任务、随堂评价、答疑讨论），呈现课程、班级质量得分排名，每个排名均按照整体、课前、课中、课后进行分析。对于排名中的个体均可下钻至对应明细进行查看。

系统支持同时提供当前专业的区间情况，分析高于、低于当前专业得分的专业排名，每个排名均按照整体、课前、课中、课后进行分析。

图 4-110　新能源汽车技术课程得分情况

9）课程教学质量评价情况

系统支持呈现指定课程最新一次教学质量得分及不同教学环节、不同评价项目的具体得分情况，如课前（按知识树、资源、活动设计、教学单元设计）、课中（签到、课堂活动开展）、课后（教学日志、作业任务、随堂评价、答疑讨论）。呈现教师、班级质量得分排名，每个排名均按照整体、课前、课中、课后进行分析。对于排名中的个体均可下钻至对应明细进行查看，同时提供当前课程的得分变化情况分析。

图 4-111　电学基础与高压安全课程得分情况

10）师教学质量评价情况

系统支持呈现指定教师最新一次教学质量得分及不同教学环节、不同评价项目的具体得分情况，如课前（按知识树、资源、活动设计、教学单元设计）、课中（签到、课堂活动开展）、课后（教学日志、作业任务、随堂评价、答疑讨论），呈现课程、班级质量得分排名，每个排名均按照整体、课前、课中、课后进行分析。对于排名中的个体均可下钻至对应明细进行查看，同时提供当前课程的得分变化情况分析。

图 4-112　教电学基础与按压安全课程师教学质量得分

11）级教学质量评价情况

系统支持呈现指定班级最新一次教学质量得分及不同教学环节、不同评价项目的具体得分情况，如课前（按知识树、资源、活动设计、教学单元设计）、课中（签到、课堂活动开展）、课后（教学日志、作业任务、随堂评价、答疑讨论）。

系统支持呈现当前班级的同年级班级的排名位置和排名列表情况，每个排名均按照整体、课前、课中、课后的顺序进行分析。

系统支持提供当前课程在同年级的课程 Top10 排名情况，并可下钻至对应课程的班级得分排名。

同时展示教师排名。

图 4-113　同年级班级、课程排名情况（2018-2019 年　第一学期）

12）系、专业、课程、教师和班级得分列表

系统支持覆盖院系、专业、课程、教师、班级的得分明细情况查看功能，通过教师质量评价得分情况，展示每个教师每个指标的得分情况列表。用户可以使用院系名称、日期范围进行内容过滤，支持选择不同的个体进行对比分析。

序号	专业名称	专业代码	得分日期	得分	课前				课中			课后		
					教学单元设计	课堂活动设计	知识树	资源	课堂活动开展	签到	答疑讨论	教学日志	随堂评价	作业任务
1	数控技术（卓越）	Y560103ZY	2020-04-26	57.04	4.00	16.00	8.00	9.22	2.96	3.15	2.03	2.68	0	9.00
2	新能源汽车技术,	Y560707	2020-04-26	56.19	4.00	16.00	8.00	7.74	0.92	6.07	2.69	1.76	0	9.00
3	数控技术	Y560103	2020-04-26	53.87	4.00	16.00	8.00	6.10	2.27	3.60	4.04	0.86	0	9.00
4	汽车车身维修技术	Y600210	2020-04-26	52.13	4.00	16.00	8.00	9.12	1.69	4.32	0	0	0	9.00
5	自动化生产设备应用	Y560201	2020-04-26	51.73	4.00	16.00	8.00	7.88	2.39	3.60	0	0.86	0	9.00
6	机电设备维修与管理（本科）	Y560203GT	2020-04-26	51.46	3.00	12.00	8.00	5.99	5.32	4.92	2.03	2.11	0	8.10
7	机械设计与制造（本科）	Y560101GT	2020-04-26	45.96	0	16.00	8.00	4.79	9.97	1.80	0	0	0	5.40
8	国际商务	Y630503	2020-04-26	44.84	4.00	16.00	5.33	3.80	3.03	3.72	1.35	2.21	0	5.40
9	计算机网络应用（高技）	Y030113	2020-04-26	44.83	4.00	8.00	8.00	6.35	2.72	4.31	2.00	2.25	0	7.20
10	电气自动化技术	Y560302	2020-04-26	42.09	1.78	10.67	8.00	5.97	0.79	3.02	2.69	1.17	0	8.00
11	机电一体化技术（中技）	Y0127J4	2020-04-26	41.99	4.00	16.00	0	4.11	0.40	3.46	4.00	4.62	0	5.40
12	机械设计与制造（中职）	Y580101WZ	2020-04-26	41.99	4.00	16.00	0	4.11	0.40	3.46	4.00	4.62	0	5.40
13	计算机应用技术（中职）	Y610201WZ	2020-04-26	41.99	4.00	16.00	0	4.11	0.40	3.46	4.00	4.62	0	5.40
14	劳动与社会保障	Y690203	2020-04-26	40.97	4.00	8.00	4.00	4.78	0.57	4.68	4.04	1.89	0	9.00
15	机电一体化技术#	Y560301WG	2020-04-26	38.30	4.00	0	8.00	7.62	1.57	3.51	0	4.60	0	9.00
16	软件技术（校企）	Y610205XQ	2020-04-26	38.29	4.00	0	8.00	7.28	0.35	3.88	4.03	1.75	0	9.00
17	汽车维修（技师）	Y0403J2	2020-04-26	38.13	4.00	16.00	0	3.25	5.88	3.60	0	0	0	5.40
18	智能控制技术	Y560304	2020-04-26	37.45	4.00	0	8.00	5.69	4.31	4.95	0	1.50	0	9.00
19	计算机网络应用（技	Y0301J2	2020-04-26	36.87	2.40	6.40	6.40	5.64	1.29	3.97	1.61	1.95	0	7.20

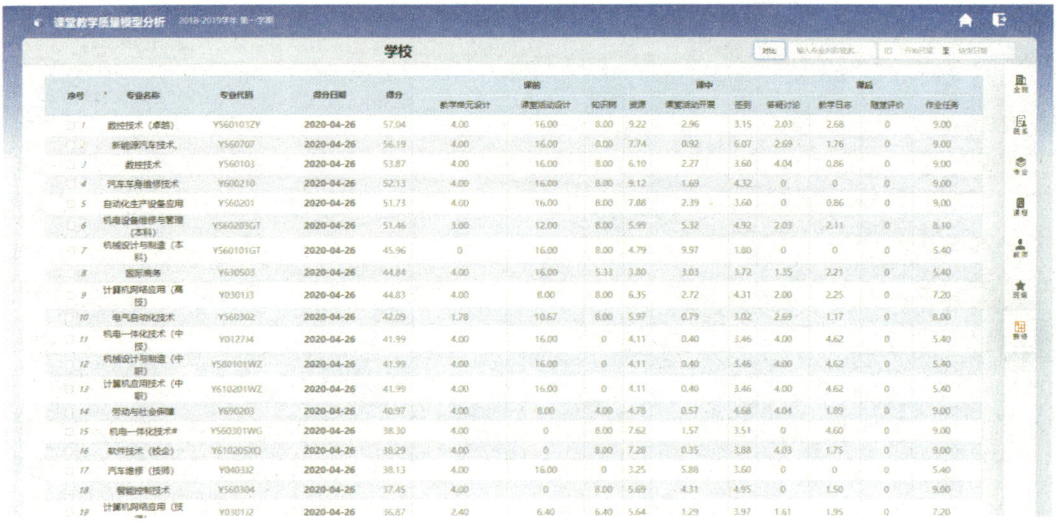

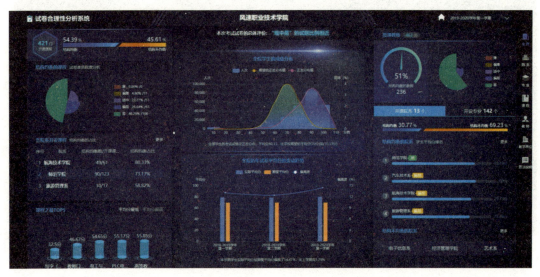

图 4–114　系、专业、课程、教师和班级得分列表

（11）试卷合理性分析专题【演示项】

1）学校考试合理状况

系统支持对全校学生考试的成绩进行模型计算，得出学期考试的合理性状态，并根据上述构建算法和判断逻辑对成绩分布均衡性进行分析，并根据正态分布策略分析得出不均衡的原因；支持按照院系、专业、课程、教师不同纬度下分析考试的合理性。

图 4–115　学校考试合理状况

2）院系考试合理状况

系统支持对院系学生考试的成绩进行模型计算，得出学期考试的合理性状态，并根据上述构建算法和判断逻辑对成绩分布的均衡性进行分析，并根据正态分布策略分析得出不均衡的原因；支持按照专业、课程、教师不同纬度下分析考试的合理性。

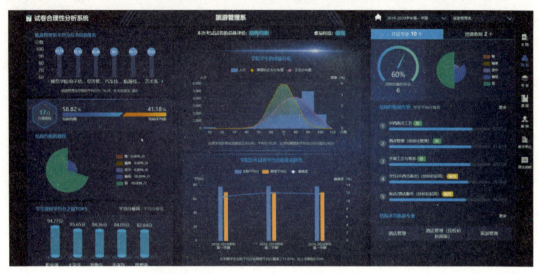

图 4–116 院系考试合理状况

3）专业考试合理状况

系统支持对专业学生考试的成绩进行模型计算，得出学期考试的合理性状态，并根据上述构建算法和判断逻辑对成绩分布的均衡性进行分析，并根据正态分布策略分析得出不均衡的原因；支持按照课程、教师、班级不同纬度下分析考试的合理性。

图 4–117 专业考试合理状况

4）课程考试合理状况

系统支持对学习某门课程学生考试的成绩进行模型计算，得出学期考试的合理性状态，并根据上述构建算法和判断逻辑对成绩分布的均衡性进行分析，并根据正态分布策略分析得出不均衡的原因；支持按照不同教师、班级分析考试的合理性。

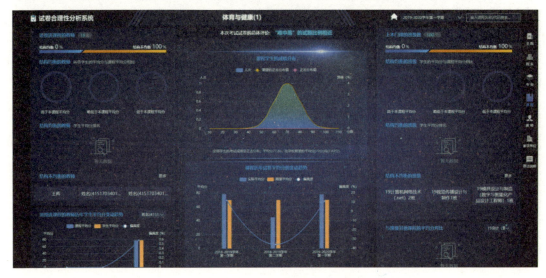

图 4-118　课程考试合理状况

5）授课教师考试合理状况

系统支持对教师所教授的学生考试的成绩进行模型计算，得出学期考试的合理性状态，并根据上述构建算法和判断逻辑对成绩分布的均衡性进行分析，并根据正态分布策略分析得出不均衡的原因；支持按照不同课程、班级分析考试的合理性。

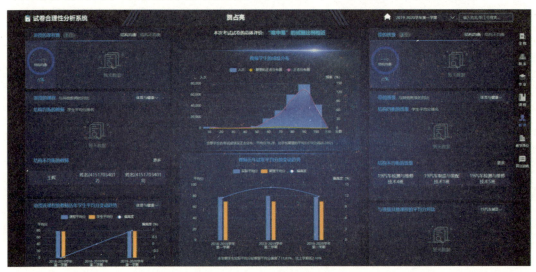

图 4-119　授课教师考试合理状况

6）承建单位考试合理状况

系统支持对承担单位承建的课程的学生考试的成绩进行模型计算，得出学期考试的合理性状态，并根据上述构建算法和判断逻辑对成绩分布的均衡性进行分析，并根据正态分布策略分析得出不均衡的原因；支持按照单个课程、开设课程的专业、授课教师不同纬度下分析考试的合理性。

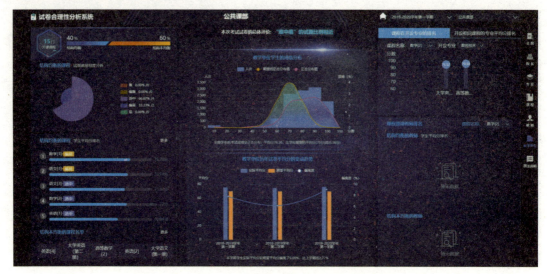

图 4-120　承建单位考试合理状况

第五章　如何建设高质量的数据中心

第一节　盘查数据问题

一、积极调研数据上下游诉求

信息标准由参照标准、标准草案和执行标准三部分组成。其中参照标准包括中高职学校管理信息标准（JY/T 1005—2011）、教育行政管理信息标准（JY/T 1003—2011）、SCORM 2004 标准、高等学校管理信息代码标准集 (CELTS33—DS) 和相关行业标准。学校在参照标准的基础上定义学校的信息标准形成执行草案，执行草案包括数据集和代码集，草案标准里面可以对参照标准进行修正，也可将学校的校标添加从而形成学校的草案标准。草案标准经过发布环节可以生成学校执行标准。利用执行标准可以生成数据中心的元数据。

（一）元数据管理

元数据主要由主题数据、主题代码、中心库表和中心库视图四部分组成。其中主题数据、主题代码与执行标准相对应，可以根据执行标准的数据集和和代码集生成元数据的主题数据表和主题代码表。主题数据表、主题代码表和其他自定义数据表形成数据中心库表，在中心库表的基础上可以创建视图，提供中心库表、视图的定义和数据查询功能。

（二）数据服务

数据服务包括应用系统管理、数据服务列表和数据服务权限控制功能。数据中心的建设目的就是将标准化数据共享给需要的业务系统使用，具体哪些业务系统可以使用可以在应用系统管理模块进行设置。数据中心可以提供哪些数据查询服务通过数据服务列表进行维护，如常见的教职工通讯录、职工基本信息和学生学籍信息查询等。其他业务系统根据授权访问数据服务，具体的服务名称、服务编码、服务类型、应用系统、授权序列号、IP 地址和服务状态管理员可以设置。

（三）远程配置任务

远程配置任务包括数据库链接、转换列表、作业列表和转换日志查询功能。数据中心的重要功能是将数据中心数据和业务子系统的数据进行交换作业。数据中心连接业务系统的数据库，通过本地到远程和远程到本地两种方式对数据进行接收和分发的操作，实现学校内部数据共享的功能。如常见的学校组织架构信息、教职工基本信息和学生学籍信息等数据在各个系统中要实现数据统一和数据共享。

（四）数据展示

根据《教育信息化 2.0 行动计划》要求，推进"互联网＋监管"系统建设，开展数据驱动的预测预警、诊断评估，破解困难学生精准资助、教育资源缺口预测、督导评估动态监测等教育治理重点问题。20 个数据大屏，全方位立体展示学校教学、德育、后勤、社会服务、顶岗实习等各方面的建设情况；根据预设的预警条件，产生各类预警信息，为学校提供决策支持，展示矩阵特色如下。

高效的应用开发：应用开发部门／个人直接申请所需数据，不需要再确认数据由哪个业务部门提供，找谁来申请相关数据；

降低技术开发难度：通过数据平台 spark 计算框架的整合，可以为用户直接提供多种异构的海量数据的计算能力；

降低应用部署成本：数据平台可以为上层应用提供过程数据、流水数据的计算结果，降低业务系统部署的硬件资源要求；

应用服务快速移植：校际、校企应用快速上线，节省开发资源、降低开发人力资源投入；

降低数据管理难度：全量数据统一管理平台，可视化操作界面降低管理难度，便于不同管理员之间的业务衔接。

为实现灵活、可配置的数据分析要求，平台提供在线、拖拽式的统计分析工具，能够动态、灵活、方便、快速地实现各类 OLAP 功能；工具生成界面和图表美观大方，所有图形展现遵循 HTML5 规范，支持手机、PAD 等移动终端访问，支持大屏可视化，可分类提供领导驾驶舱功能，为不同领导在其主管主题内决策提供支持。

二、运用技术手段进行质量检测

（一）数据质量差异性检测方法（M–SPC 方法）

1. 离群值检测

数据质量差异性主要是针对异常数据的检测，异常值检测又称离群值检测，是数据质量控制的一个重要方面，大数据时代数据来源纷繁复杂，无论是对于内部数据的有效利用还是对于外部数据的引入，都不可避免地会出现很多错误数据的引入，传统的数据质量控制方法是数据分析师和工程师基于经验或者原有的业务规则来识别数据中的离群值，这不仅是一个非常耗时的过程，而且精度很低，并且大大限制了信息系统的性能。本节提出了一种能够将深度学习方式和统计过程控制模型融合应用的数据质量控制方法，可以有效地利用计算资源和算法控制来进行离群值数据检测，为业务提供更大的价值。

离群值也可以称为孤立点，离群值数据意味着这些数据与其他数据完全不同，霍金斯正式将其定义为"离群值是一种与其他观察结果有很大偏差的观察结果，可能由于不同机制所导致，但并非是随机误差"。离群值数据虽然和其他数据相差较大，但是并不意味着是错误数据或问题数据，往往可以利用离群值数据的特点找出潜在的错误或风险。离群值检测可以广泛地用于不同的领域，如网络、风险识别、医疗诊断、隐私保护等领域。

国外对于离群值数据挖掘技术研究较早，一般包含两个基本步骤：一是定义数据特征的不一致性；二是要找到合适的方法来检测这样的数据。目前传统的离群值检测方法主要是以统计学理论为基础，如距离法、密度法和偏离法等。Fan 等提出了以分辨率为基础的离群值概念和非参数离群值挖掘方法，该算法通过考虑数据集的局部和全局特征来生成合理的异常值结果。Kriegel 等将评估标准由欧几里得距离改为角度，经过被测样本向量的角度来检测离群点。Yan 等提出以方向密度为依据的 DBSCAN 方法，与传统的 DBSCAN 方法相比，效率提高了 20%。Huang 等提出了一种基于相邻图概念的离群点集群检测算法，并在没有 top-n 参数的情况下能有效检测异常值。国内对于离群点发现也提出了许多理论方法和重要文献。韦佳等针对 LTSA 算法提出了一种基于改进距离的孤立点检测方法，提高了 LTSA 算法的鲁棒性，具有更好的数据可视化效果。侯晓晶等提出了以最近距离为理论基础的离群点检测方法，使算法的可靠性和灵活性都得到了较大提高。任建华等提出了一种具有较高的准确率与检测效率的基于聚类的两段式离群点检测方法，并且对数据的分布情况没有特殊要求。

2. 机器学习与深度学习

①机器学习思想

机器学习是计算机科学中一个很重要的子领域，同时也是一门多领域交叉学科，包含概率统计在内的多门学科。通过对于人类行为的计算机模拟和学习，获得新的知识并不断改进。

1959 年，Arthur Samuel 提出了机器学习的概念，给出了机器学习的定义："机器程序是从先验知识 E 中学习一些方法 t 和度量规则 p，若在 t 中的任务表现，就像度量 p 一样。红色被 P 所取代，随着经验 E 而改进。"Alan Turing 提议，机器学习应包括操作层面的定义和执行，而不是用概念和定义进行描述。对此，也有学者提出了"机器能达到人的智能水平吗？"，并揭示了具有思维的机器可能具有的各种特性以及在构建思维机器时的各种含义。1996 年，Langley 提出机器学习同人工智能相关，主要研究对象也同人工智能相似，特别是通过知识学习改进实现方法方面。1997 年，Tom Mitchell 在解释信息论中的一些概念时提到"机器学习应能够通过对先验知识的涉入自动完善自身性能。"然而，越来越多地强调基于知识的逻辑方法，导致了人工智能和机器学习之间的割裂，基于概率的信息系统也受到数据采集、表达方式和应用实践等问题的困扰。2004 年，Alpaydin 认为，机器学习的基础是先验知识和已有数据，通过这种方式对计算机程序进行改进。

②机器学习的分类和算法

机器学习任务分为两个大类。在有监督的学习中，算法根据输入和期望输出的一组数据来建立数学模型。例如，如果任务正在确定图像是否包含某个对象，则有监督学习算法的训练数据将包括包含该对象和不包含该对象的图像（输入），并且每个图像都将有一个标签（输出），指示其是否包含该对象。在特殊情况下，输入可能仅部分可用，或仅限于特殊情况。半监督学习算法根据不完整的培训数据开发数学模型，其中一部分样本输入是没有标签的。

分类算法和回归算法是比较典型的有监督学习方法。当输出限制在一组有限的值时，使用分类算法。例如，对于过滤电子邮件的分类算法，输入是传入的电子邮件，输出是要在其中归档电子邮件的文件夹的名称。对于识别垃圾邮件的算法，输出将是"垃圾邮件"或"非垃圾邮件"的预测，由布尔值 true 和 false 表示。回归算法根据其连续输出命名，这意味着它们在一个范围内可能有任何值，如对象的温度、长度或价格。

在无监督学习中，算法根据一组只包含输入而不包含所需输出标签的数据建立数学模型。无监督学习的算法被用来寻找数据中的结构关系，如数据的分组或聚类。无监督学习可以发现数据隐含的关联信息，并可以将输入分组到不同类别中，如特征学习，其中的一个简化方法是减少维数，即减少一组数据中"特征"或输入数量的过程。

无监督学习算法中，主动学习算法根据希望访问的有限输入集的所需输出（培训标签），并优化获取培训标签的输入选择。当以交互方式使用时，可以将它们展示给用户进行标记。强化学习算法在动态环境中以正强化或负强化的形式给出反馈，用于自动驾驶汽车或学习与人类对手进行游戏。机器学习中的其他算法包括主题建模，将计算机程序赋予一组自然属性，可以用于所有语言文档，并查找包含相关主题的其他文档。在密度估计问题中，机器学习的算法可以用来寻找不可观测的概率密度函数。学习算法根据以往的经验进行学习，归纳出自己的偏好。在不断发展的机器人领域，机器学习算法产生自己的经验学习序列，也被称为课程，通过自我引导，不断探索与人类的社会互动，从而累积知识来获得新的技能。这些机器人在运行时，依靠主动学习、运动协同和模仿等指导机制。

③神经网络

深度学习的思想灵感来源于神经网络，计算机领域的神经网络是模拟人类的大脑皮层神经网络工作机制而产生的。举个例子来说。人类的视觉系统是非常神奇的，图5-1是一个手写的数字序列：

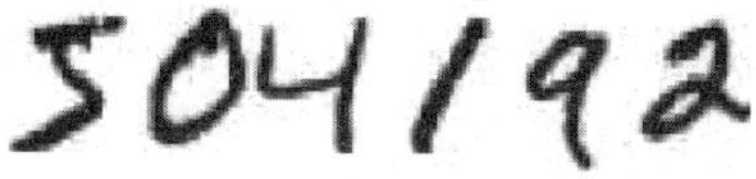

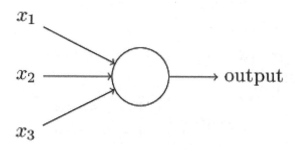

图 5-1　手写数字序列

大多数人毫不费力地把这些数字识别为504192。但这种简单的识别背后有着复杂的工作逻辑。我们大脑的每个半球，人类都有一个初级视觉皮层，也叫v1，包含1.4亿个神经元，它们之间有数百亿个连接。然而，人类视觉系统包含一个层级，普通的图像识别涉及五个层次，大脑在后台进行越来越复杂的图像处理。我们的头脑好比一台超级计算机，经过几亿年的进化调整，它非常适合理解视觉世界。其实，识别手写数字的工作机制并不容易，我们非常擅长理解我们的眼睛所看到的东西，几乎所有的工作都是无意识地完成的，所以我们才没有意识到大脑是如何负责且有组织地进行工作的。

神经网络当中的最基本单元叫作感知器，它是一种人工神经元，在20世纪50年代和60年代由科学家 Frank Rosenblatt 提出并设计的，其灵感来自 Warren McCulloch 和 Walter Pitts 早期的研究。今天，使用人工神经元的其他模型非常常见，许多现代神经网络研究中使用的主要神经元模型是一个被称为乙状结肠神经元的模型。感知器接收几个二进制输入，x1，x2，…，x1，x2，…，并产生一个二进制输出，如图 5-2 所示：

$$x_1$$
$$x_2$$
output
$$x_3$$

图 5-2　感知器工作原理

感知器有三个输入，x1、x2、x3。一般来说，它可以有更多或更少的输入。Rosenblatt 提出了一个计算输出的简单规则。他设计了权重，w1，w2，…，w1，w2，…，用以表示输入和输出的重要性关联程度。神经元的输出，00 或 11，由加权求和 $\sum_j w_j x_j$ 得到，其结果由设定的某个阈值（threshold）决定。阈值也是一个实数，它又是神经元的一个参数，数学表达如图 5-3 所示：

$$output = \begin{cases} 0 & f \sum_j w_j x_j \leq threshold \\ 1 & f \sum_j w_j x_j > threshold \end{cases}$$

图 5-3　感知器数学表达

感知器是神经网络中最基础的工作单元，但根据感知器的原理，多层感知器协同工作就形成了神经网络，如图 5-4 所示：

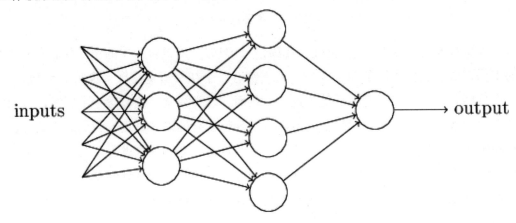

图 5-4　神经网络工作原理

在图 5-4 的网络中，我们称每一列感知器为一层，第一层通过获得输入数据得出三个非常简单的结果。第二层中的感知器中都是通过加权第一层决策的结果来做出决策的。这样，第二层可以比第一层在更复杂和更抽象的层次上做出决定。同样，第三层的感知器可以做出更复杂的决定。这样，多层感知器网络就可以进行复杂的决策。

我们同样可以把神经网络的工作机制写成数学表达，条件是为 $\sum_j w_j$ 设置门限，为了简化表达，可以采取两种改写办法：一是可以用点积来表示权重和输入的联合结果；二是将阈值移动到不等式的另一边，并用感知结果来描述它，可以用偏差来代替阈值，如图 5-5 所示：

$$output = \begin{cases} 0 & f \quad w \cdot x + b \leq 0 \\ 1 & f \quad w \cdot x + b > 0 \end{cases}$$

图 5-5　神经网络工作机制数学表达

仍然以手写数字为例，神经网络以不同的方式处理问题，其思想是采用大量手写数字进行训练，称为训练示例。

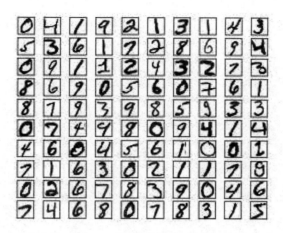

图 5-6　手写数字训练示例

神经网络通过训练数据自动学习相关规则，通过训练数据数量的不断增长，模型可以学习更多知识，从而大大提升准确性。图 5-6 显示了 100 个训练数字，但实际应用时可以通过使用成千上万甚至数十亿个训练示例来提升识别性能。

④深度学习

深度学习是神经网络的应用和扩展，通过计算机硬件架构的复杂化和性能优化来模拟神经网络去解决复杂的现实问题。2006 年，Hinton 等人提出了分层算法模型 DBN（Deep Believe Network），有助于解决多层次的复杂问题。随后，Lecun 等提出了卷积神经网络，这也是真正意义上的多层学习方法，可以有效地提高网络处理的性能。

深度神经网络比浅层神经网络的训练要困难得多，但通过硬件（如 GPU）、结构（如超多层级结构单元，如图 5-7 所示）、算法（如深度卷积神经网络、减少过拟合）和训练数据的不断优化，深度学习在各领域都有着及其可观的发展潜力，如图像识别和语音识别。

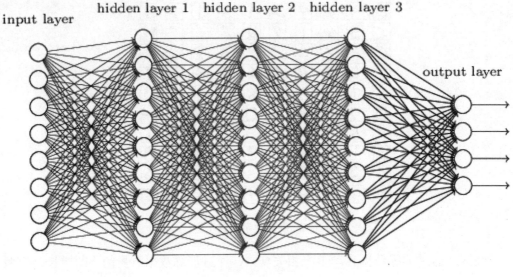

图 5-7　深度学习网络

卷积网络是最典型的深度学习网络的算法，仍然以手写数字为例来描述卷积网络的分类方法，随着技术的不断发展，很多深度学习工具（如 Mnist、Weka、Google image 等）的性能已经非常优越，也逐步能够在某些方面为人们提供一个接近人类性能的系统。例如，在 Mnist 的图像识别网络模型中，向其输入 100000 在训练期间从未出现过的图像，系统地正确分类了 99670 个图像，有些其他工具的性能甚至更优。

3. 统计过程控制

概率统计模型可用于异常值检测，如正态分布等，这些模型在一维和多维数据中应用效果都很好。统计质量控制的理论基础叫作统计过程控制（SPC)，通过利用统计相关技术检测、评价、改进每个过程阶段，使得产品和服务能够保持一定的水准并符合实际要求的一种技术。SPC 理论以统计方法为基础，对过程进行控制，认为，数据应用当中的特征值波动从统计角度看是具有相似性的，当过程中只存在随机变化时，属性值会按照某些典型的统计分布出现，这时的系统认为是可以控制的；当过程中出现不符合规律的差异波动时，这种变化会对典型的统计分布具有扰动而产生偏离，这时的系统认为是不可控制的，大多数控制过程都是由流程控制图进行实际指导的，如图 5-8 所示：

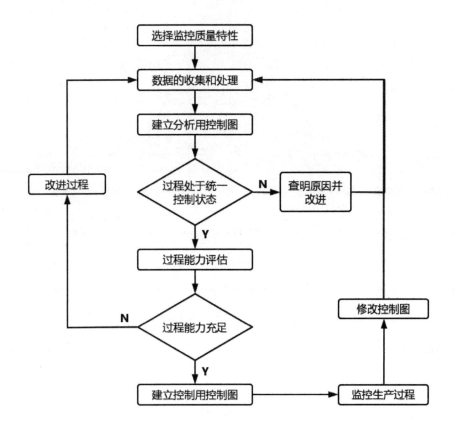

图 5-8　统计质量控制示意图

统计过程控制（SPC）基于统计原理，被普遍认为是一种对质量进行有效管控的方式。统计理论当中的正态分布是变量的对称、连续、钟形分布。图 5-9 显示了作为质量特性模型的正态概率分布，在平均值（μ）的任一侧，规范限值为三个或六个标准偏差（σ）。SPC 的基础是中心极限定理。此外，控制图是 SPC 的关键技术之一，该图包含中心线（CL）和上下控限（公式 5.1 和 5.2 中的 LCL 和 UCL）。

$$UCL=\mu+3\sigma \hspace{6cm} （公式 5.1）$$

$$LCL=\mu-3\sigma \hspace{6cm} （公式 5.2）$$

其中 μ 为总体平均值，σ 为总体标准差。

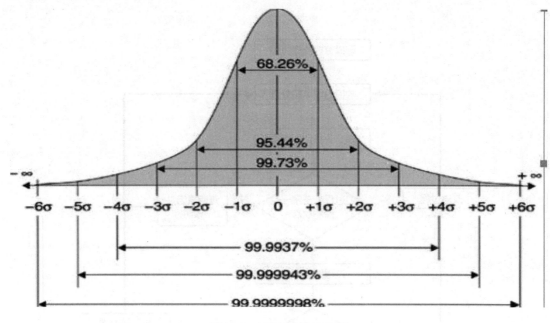

图 5-9　SPC 统计分布图

控制图是带有限制线或控制线的图表。基本上有三种控制线：UCL、CL 和 LCL（见图 5-10）。

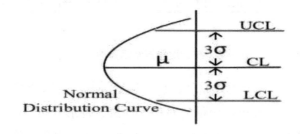

图 5-10　SPC 控制线

（二）数据质量完整性检测方法

一般数据完整性检测是对数据进行依次检查。大数据环境中，数据交互与变化速度极快，系统资源严重超负荷。为此，本节提出一种具有自适应能力的数据完整性进行检测的方法，通过对数据的重要性、网络繁忙程度以及传输过程历时故障情况来自适应调整对数据完整性检测的过程，并最终采用随机算法对数据完整性进行检验。通过上述方法的使用，可以大大提升数据传输/交换过程的效率，降低系统时延，并使得系统的运营成本得到有效降低。

1. 随机算法思想

随机算法就是在算法执行的过程中做出随机选择的一种算法，有两种算法形式：一是两次算法运行除了时间不同以外，其解都是正确的，这种随机算法叫作算法；另一种是两次算法运行有一定概率产生错误解，叫作 MonteCarlo 算法。随机算法在许多算法和领域都有着广泛的应用，究其原因有两个，快速和简单，在许多应用中，随机算法能找到最简单或者最快的算法，其中算法的时间复杂性是随机算法最主要的度量标准。

随机算法设计思想的实现方式可以包含以下几个方面：

（1）对手论证法（Foiling the Adversary）

对于一个已经确定的算法，分析它的时间复杂性是没意义的，但是如果引入随机算法将确定的算法以概率分布的方式分解成为不同子集，通过不同的对手构造出不同的输入，从而对这个子集进行改进。

（2）随机采样（Random Sampling）

利用少量数据求出整体结果。

其他应用还包括随机搜索（Random Search）、指纹技术（Fingerprinting）、输入随机重组（Input Randomization）、负载平衡（Load Balancing）、快速混合 Markov 链（Rapidly Mixing Markov Chain）、孤立和破对称技术（Isolationand Symmetry Breaking）、概率存在性证明（Probabilistic Methods and Existence Proofs）、消除随机性（Derandomization）等。

2.MD5 加密算法

MD5 的全称是 Message-Digest Algorithm 5（信息 - 摘要算法），在 90 年代初由 MIT Laboratory for Computer Science 和 RSA Data Security Inc 的 Ronald L.Rivest 设计出来，经过 MD2、MD3 与 MD4 不断演变，在 1992 年取代了 MD4。这套算法的程序在 RFC 1321 中被加以规范。MD5 是一种被广泛使用的密码散列函数，将数据（如一段文字）运算变为另一固定长度值，可以产生出一个 16 字节的哈希值（hash value），用于确保信息传输完整一致。

MD5 算法虽然具有一定的算法缺陷，但是由于其开源性和易用性，应用范围相当广泛。MD5 主要可以应用于一致性验证、数字签名、安全访问认证等领域。

3. 方法概述

本方法的目的是提供一种能够大规模检测大数据传输 / 交换的数据完整性的高效手段。数据完整性是数据在传输 / 交换过程中需要确保的重要指标，对其的检验也常常需要耗费系统的大量资源。本方法通过对系统的传输数据的完整性检测需求进行评估，实现了差异性的数据完整性检测，可以有效地降低系统的资源消耗。

为了实现上述目的，提出了一种基于数据的重要性、网络繁忙程度以及传输过程历时故障情况来自适应实现数据完整性检测的过程。其特征在于通过对系统的数据完整性检测需求评级，得到对系统数据传输 / 交换所需实现的数据完整性检测要求；而后根据不同的评估结果，对数据给予不同强度的检测，从而达到自适应检测的目标。

系统对所需的数据完整性需求进行评估。具体方法为根据所承载业务的不同，按照预先设定的映射表，对所传输／交换数据赋予 1~10 的业务重要性。同时，系统根据当前的数据吞吐量情况，为数据传输负载赋予 1~5 的数据负载并根据最近 24 小时内系统日志中发生异常／告警的数量为系统赋予 1~5 的安全等级。最终系统的数据一致性检测需求评级为上述三项指标之和。在上述过程之后，采集基于随机算法对系统传输／交换数据完整性进行测试。

4. 方法流程

步骤一：获得系统数据传输／交换的数据一致性需求评级

对于某一个根据业务、流量和日志的不同为系统确定所需测试数据完整性的评级。具体包括：1）系统根据所承载业务的不同，按照预先设定的映射表，对所传输／交换数据赋予 1~10 的业务重要性 S1；2）系统根据当前的数据吞吐量情况，为数据传输负载赋予 1~5 的数据负担 S2；3）根据最近 24 小时内系统日志中发生异常／告警的数量为系统赋予 1~5 的安全等级 S3。最终系统的数据一致性检测需求评级为上述三项指标之和，即 I=S1+S2+S3。

步骤二：根据数据一致性需求建立检测要求建立检验样本池

将系统传输数据，根据其大小按照从小到大的顺序，划分为标号为 1~5 的五种数据包类型。继而，根据以作为均匀抽样比例，在数据接收端对收取到的数据包进行随机抽取，并将抽取得到的数据包复制后存储，构建检验样本池。

步骤三：根据一致性测试需求随机从检测样本池中挑选样本检测

以 1/4 为数学期望，以随机整数分布生成随机数系列，并按照该随机数序列顺序从检验样本池中抽取相同数值 T 的数据包，而后对该包进行 MD5 验证。在检测结束后，将验证完的数据包从检验样本池中去除。

步骤四：更新数据一致性需求

对上述数据一致性验证过程中失败的数据包进行计数，若 1 分钟内验证失败的数据包个数超过设定阈值，则对数据一致性验证需求进行加 1 操作，否则在到时后对计数器清零。

5. 测试结果

基于该方法的测试调用某省电信运营商 BOSS 系统数据进行核验根据输入的手机号、姓名、身份证返回是或否。在测试期内，通过抓取数据请求和返回数，并记录相关返回值的内容和数量，对数据完整性进行检测。

总共请求：9740 条；总共响应：9731 条。

数据源方总共返回了如下几种 code：

返回 code：0（认证成功）的数目是 5856。

返回 code：402170853（认证失败，电话号码不存在）的数目是 1。

返回 code：402170855（认证失败，电话号码和身份号码不匹配）的数目是 3038。

返回 coed：402170856（认证失败，电话号码和姓名不匹配）的数目是 836。

通过测试验证，该方法对于数据在传送过程中所产生的由于内容丢失而影响完整性的情况能够有效控制，在多方数据交互时，为数据质量完整性保障提供了良好的解决思路。

第二节　有效提升数据质量

一、研究制定质量提升方案

提高数据质量的第一步是通过概括性的数据分析发现数据的缺陷，有时把这个称为数据考古学，那是一个分析数据的准确性、完整性、唯一性、一致性以及合理通过一些软件工具去挖掘和发现存在的问题，然后针对这些问题进行数据清洗来达到提升数据质量的目的。数据可分为数值型和文本型，对于不同类型的数据，采用的质量提升方法也是有所不同的，数值型数据一般采用传统数理统计方法，而文本型数据则需采用文本挖掘的方法来提升质量，下面根据针对缺失数据、错误数据、非标准化数据这三类数据列举一些质量提升的方案。

（一）缺失数据质量提升

缺失数据的类型很多，依据缺失的原因也分为很多，目前较为成熟的缺失数据质量提升只考虑完全随机性缺失数据，其他原因的缺失数据没有统一的方法，只能对具体的问题提出相应的提升方法，下面简单介绍一下完全随机性缺失数据的质量提升方法。

首先假设数据是完全随机缺失的，假设存在一个数据集 Y，Y 中的缺失数据完全与 Y 无关，同时存在一个控制变量数据集 X，那 X 与 Y 存在如下的关系，Pr(Y 缺失 |X,Y)=Pr(Y 缺失 |X) 这个表达式说明 X 集合中的数据与 Y 集合中的数据存在某种对应关系，那么 Y 中的缺失数据可以依据 X 与 Y 的对应关系来补充。例如比较常见的是线性回归，线性回归中存在 Y=aX+b，那么缺失的 Y 可以通过这个关系，用对应的 X 进行计算获得来填补。这个填补值是否可以代表真实值，还需要经过各种各样的假设检验。

（二）错误数据质量提升

错误数据是数据质量中最难处理的，首先不方便检测，其次不容易纠正。很多的错误数据只能根据人工检测并进行检测，而这样的检测带有很大的主观因素，往往不

太准确且不能让人信服。目前较为常见的自动检测和纠正的方法是回归方法，回归分析已经广泛地应用到各种数值型数据中，首先假设集合数据 X 与集合数据 Y 存在一定的相关关系，并且假设这种错误数据产生的原因完全是随机性的，而且 Y 集合中的错误数据与 Y 集合中其他数据无关，其数学表达式如下：$\Pr(Y 错误 | X, Y) = \Pr(Y 错误 | X)$ 只要能够找到集合 X 与集合 Y 的对应关系以及对应的数学表达式，那么就能发现 Y 中的错误值，并通过这样的数学表达式，用 Y 中的错误值对应的 X 中的数值进行计算并替代，这样就可以纠正 Y 中的错误值。当然这样的检验和替代是否合理，还需要通过相关的方法进行检验，如统计学中的各类假设检验。

（三）非标准化数据质量提升

前面提到过，数据一般分为数值型和文本型，非标准化数据一般出现在文本型数据中，面对这样的数据，只能具体问题具体分析，下面就讲一下分析问题和解决问题的一般过程。

（1）定义标准化数据。不同的人对标准化数据的定义是不太一样的，有些人认为这样的结构就是标准化数据，另一些人认为那样的结构就是标准化数据。例如在人们通信地址数据库中，有些人认为只有包括地址所在的行政省或直辖市就是标准化的地址数据，另一些人认为还应包括所在的行政市或地区才算标准化的地址数据。之所以存在这样的不同，是因为数据使用者不同，在定义标准化数据时，必须由数据使用的目的来决定。

（2）筛选非标准化数据。把不满足结构要求的数据提取出来，这样的过程一般涉及文本挖掘中的文本提取，将这些非标准化数据依据非标程度进行分类，分类后的数据可以采用相应的方法进行标准化。

（3）非标准化数据的标准化。数值型数据在格式上很容易采用四舍五入的方法进行标准化，而文本型数据则须采用词匹配的方法，首先应该对近义词、同义词进行合并，然后对每一部分的数据结构建立相应的词库，通过匹配就能标准化。

二、管理＋技术方式促进质量提升

从组织架构，制定规范制定，数据建模，数据采集，数据流转监控，问题跟踪管理，认责机制，数据质量评价体系等多维度全方面，从顶层到基层单位，从线上到线下覆盖整个数据生命周期，建立一套数据质量管理体系。经过总结归纳高频数据质量问题，提出整改方案，对高频及重点数据重点在线监控，保证企业内部数据质量，为数据向外延展打好基础。通过建立一套数据质量管理体系，直接提升数据的应用价值，为职业学校教育管理发展提供支撑。

（一）数据质量评价和管理原则

目前为止，最权威的标准是由全国信息技术标准化技术委员会提出的数据质量评价指标(GB/T36344—2018ICS 35.24.01)，它包含以下几个方面：规范性：指的是数据符合数据标准、数据模型、业务规则、元数据或权威参考数据的程度。完整性：指的是按照数据规则要求，数据元素被赋予数值的程度。准确性：指的是数据准确表示其所描述的真实实体（实际对象）真实值的程度。一致性：指的是数据与其他特定上下文中使用的数据无矛盾的程度。时效性：指的是数据是否及时传递。可访问性：指的是数据能被访问的程度。

（1）全面性原则

从企业层面规化数据管理范畴，发挥业务部门和数字化部门在数据管理方面的作用，保证大数据平台从源端系统抽取的原始数据实现多渠道，全方位覆盖，支撑到下游所有应用。

（2）一致性原则

加强数字化部和平台厂商的工作协调性，确保源端系统到大数据平台，再到下游系统整个数据链路中，上游数据，平台数据，下游数据三个环节数据一致。

（3）稳定性原则

对于源端系统的增量数据进行严格的把控，特别是对新增业务对象的数据进行影响范围及风险性分析，避免增量数据对存量数据的数据质量产生消极影响。

（4）及时高效原则

首先保证源端最新数据及时更新到大数据平台和下游系统，对于出现的数据质量问题，及早发现，高效解决的原则，提升数据质量的可靠性，避免脏数据或者错误数据对下游业务的影响。

（二）管理＋技术体系构建

大数据平台作为信息中心的主要数据存储平台，上游对接源端系统，把系统源端的全量数据通过 Sqoop 抽取，增量数据通过 Ogg 进程同步采集并存储到大数据平台的ODM 层，对全量数据与增量数据进行合并处理，实现各系统数据融合，针对不同类别的下游系统通过授权，SFTP 文件，Kafka 的方式下发，最终满足各个下游应用数据需求，起到了数据承载、存储、传输的数据中枢的作用。

1. 数据质量影响因素

①技术因素：因为历史原因，录入数据的规则不统一，数据库规则设计不合理，数据采集过程中的采集失败，数据丢失，数据格式转换失败。②业务因素：业务系统烟囱式林立，为满足实际需要建设了一批信息化系统来解决实际问题，导致了如今信息化整合的痛点和困难。业务流程的变更也是常见引起数据质量问题的因素。③管理因素：

业务人员数据意识淡薄，缺乏一整套有效的数据质量保障机制和问题处理机制，数据质量问题从发现、指派、处理、优化没有一个统一的流程和制度支撑，数据质量问题无法形成闭环。

2. 以时间线为基础的管理

按照时间线可以分为事前预防，事中监控，事后完善三个阶段。事前预防，从源头规范数据的采集，保证数据的完整性和规范性。从三个方面着手：一是设置跨职能的组织机构负责数据质量问题，制定数据质量提升的线上和线下的规范制度。二是业务团队和技术团队对业务系统及大数据平台建立非冗余、稳定的数据模型。三是制定标准的业务定义，数据录入标准，数据校验标准，系统中进行控制和约束。事中监控是指数据进入流转环节，通过数据监控实时发现处理数据问题，对数据的准确性和一致性提供保证措施。从三个方面着手：一是建立从源端到平台再到下游系统的数据流转监控系统，预警和提示数据错误的流程节点。二是制定并执行稳增量，减存量的数据管理方案。三是数据问题的追踪解决机制，从线上发现到线下实施快速解决数据问题。事后完善，是阶段性的总结数据质量工作，根据暴露的数据质量问题建立数据质量考核评价体系，分类，归纳总结数据问题，针对共性的数据问题提出整改方案，进一步提升数据的可靠性。

3. 制度规范建设

设置跨职能的组织机构负责数据质量问题，制定关于数据方面的规章制度包括数据质量管理政策，数据质量实施细则，业务部门和数字化部门的职责分工，技术类的数据规范。从组织架构及分工，管理规范，技术规范多方面打造数据质量制度规范体系，数字化部门和业务部门一起构建符合业务场景的业务规则。上线专门的数据治理平台，比如元数据管理系统，数据质量分析系统等，将相关的制度规范和职责要求固化在系统中进行控制，并在流转的各个环节由相应的组织和角色负责，实施认责机制。

4. 应用技术性手段优化数据质量管理

（1）身份认证与访问控制

身份认证是在计算机及计算机网络系统中确认操作者身份的过程，从而确定该用户是否具有对某种资源的访问和使用权限，进而使计算机和网络系统的访问策略能够可靠、有效地执行，防止攻击者假冒合法用户获得资源的访问权限，保证系统和数据的安全，以及授权访问者的合法利益。

常用身份认证的技术包括：电子签名（CA）、USB-key（智能卡）、静态口令，动态口令、短信密码、人脸识别、指纹识别、虹膜识别、声音识别等。身份认证是为访问控制提供支撑，访问控制提供了不同身份用户访问不同信息资源提供了相应的安全策略。

（2）数据申请及审核

对于企业关键信息的创建和变更需要符合企业相关的数据管理流程，建立数据申请、审批制度，对新增的数据或变更的数据进行合法性审批。与主数据管理不同的是，主数据的审批强调主数据的正确性、完整性，数据安全治理的数据审批重点强调关键数据的安全性。两个审批流程并不冲突，也可以在一个流程中完成以上这两个数据治理的审批目标。

（3）数据的分级与授权

数据的分类、分级、授权是对敏感信息安全保护的重要手段。首先依据数据的来源、内容和用途对数据资产进行分类；其次，根据已分类的数据资产由业务部门根据数据的价值、敏感程度、影响范围进行敏感分级，将分类的数据资产划分公开、内部、敏感等不同的敏感级别；最后，对不同等级的数据分配给相应的用户角色，建立敏感分级数据与用户角色的访问控制矩阵。

（4）数据脱敏技术

数据脱敏技术是解决数据模糊化的关键技术，简单的数据脱敏技术就是给数据打个"马赛克"，脱敏的过程数据的含义保持不变、数据类型不变、数据的关系不变。例如：如身份证、地址、姓名脱敏后依然需要是身份证、地址、姓名。数据逆向脱敏，在 BI 分析或数据开放环境下，用户信息等敏感性信息需要被脱敏；但对于重点关注的用户，需要回到生产环境下时，可以还原为真实的用户信息。数据动态脱敏，在一些环境下，需要保持数据共享的及时性，但又要避免数据的泄露；因此需要对在不将数据重新生成一份脱敏副本的情况下提供给第三方。需要针对不同的用户，根据数据的共享和安全需要，对不同的数据集进行脱敏。

（5）数据加密技术

数据加密技术是数据防窃取的一种安全防治技术，指将一个信息经过加密钥匙及加密函数转换，变成无意义的密文，而接收方则将此密文经过解密函数、解密钥匙还原成明文。按照网络分层，数据加密技术重点作用于网络层和存储层，所以数据加密又可以分为数据传输加密和数据存储加密。数据的发送方和接收方使用不同的密钥进行数据加解密。常用加密算法有：专用密钥、公开密钥、对称密钥、非对称密钥等。

（6）数据安全审计

数据安全审计是通过记录用户对数据的所有访问和操作记录日志，并通过日志的分类统计和分析，提供数据访问报表，支持对数据的检索和分析，支持对用户的违规访问和危险操作进行告警。常见的数据安全审计内容包括：用户登录审计、用户访问审计、用户操作审计、数据交换审计……

第三节　质量提升常态化运行

一、建立常态化质量管理机制

（一）数据质量管理的基本措施

　　管理的本意是社会组织中为了实现预期目标，以人为中心进行的协调活动，数据管理描述了一组规程、技术和解决方案，使数据满足相关的数据维度指标。数据质量管理作为数据管理中的一个重要内容，很多机构都展开了广泛的研究，并取得了一些研究成果。"谁提供数据就由谁负责"的原则将数据管理责任划分给数据的生产者。从管理学科层面上对概念、不同角色及相应职责进行细粒度的划分，包括数据政策、数据治理、数据提供者职责、数据管家（通常是业务部门）职责、数据质量保证、数据质量控制、数据质量方法、技术以及工具等，每个角色的管理层次不同。例如数据政策负责整体的企业资产、数据架构、决策层面的管理；数据治理从数据的使用目的出发，制定企业范围内的数据标准、使用指南；而数据质量控制方法、工具则是运用具体的信息技术进行数据质量保证。本节主要从数据质量管理的方法和技术方面进行研究。

　　对数据质量管理措施进行分类。在操作系统中为了保证资源避免死锁，可以采取预防死锁和死锁检测；在计算机网络中为了控制网络节点流量防止堵塞采用相似的预防和恢复的方法。同样，数据质量的管理控制分为两类，预防措施和补救措施。预防措施在数据质量问题出现之前就采取一定的手段避免，控制质量，使得产生问题的必要条件不能同时成立，如制定合适的标准、完善的数据关系和模式可以避免数据质量的产生。在数据入口处设置数据质量控制，可以有效地减少问题数据进入信息系统。在贝叶斯网络的概率模型中运用贪婪信息增量在动态表单的数据入口处进行质量检查可以有效控制数据质量首先在数据采集之前为表单域排序，提高信息采集速度，在数据进入系统时根据数值、实时信息反馈动态调整表单，在数据进入系统后识别可能的错误输入请用户再次确认，通过三个阶段的措施来控制入口处的数据质量。补救措施则是在发生数据问题之后采取一些检测、修复方法使数据质量的各项指标恢复到标准范围之内。数据清洗技术既可以作为预防措施在数据处理各个环节中进行数据预处理，也可以作为检测修复措施对出现问题的数据进行控制。数据清洗工具属于数据质量管理工具。另外，数据挖掘也可以在数据质量管理中使用。

（二）数据质量管理与控制模型

提高数据质量的算法可以运用数据清洗算法、数据挖掘算法以及一些数据质量控制算法进行管理控制，包括与特定数据相关的专业性较强的领域相关方法，也包括与领域无关的控制算法。

对于数据质量管理框架和模型，应该从数据的宏观角度看待数据质量管理。数据质量管理成熟度模型的应用较广泛，分四个阶段进行数据质量管理。初始阶段是通过数据库管理系统进行的数据管理；第二阶段在此基础上进行逻辑数据模型、物理模型的数据管理；第三阶段是数据标准化管理，使企业不同数据源的集成所带来的数据问题降至最低，元数据管理属于这个阶段；第四阶段是从宏观的数据架构上进行优化数据管理。业务处理过程中会出现不同的数据质量问题，是错误传播的主要途径。另一种有效方法是对现有的业务处理模型的扩展，增加错误传播控制模型并提供 KPI 指标的数据质量评估。该方法在会计和审计领域中能够进行事务错误管理和纠错控制来提升数据质量。数据生命周期则是从数据而不是业务角度控制数据在各个时期的质量问题。数据生命周期包括三个阶段：设计、制造、应用。基于基本生命周期模型构建改善数据质量的分布式框架，在数据设计、数据制造的初始阶段进行完整性约束，包括主键约束、商业规则、逻辑规则以及函数依赖，在设计、制造阶段的实例层次上采用检测、分析、修复（DAM）技术处理数据，在集成应用阶段运用数据集成技术，如技术实现模式上的分布式数据源集成。基于元框架的概念可以构建整个企业的数据管理架构，自下而上包括数据质量通信策略、数据质量维度、数据质量方法技术和工具、数据架构集成、数据管理组织几个方面。

数据质量的可视化管理是一个较新的课题，它可以使用户对数据质量有直观的认识，并帮助他们参与到数据质量管理中。数据质量可视化能够有效地帮助用户理解数据各维度指标，满足质量的应用需求。对于 GIS 系统的数据质量，用户交互接口可以设计为对数据质量的图形化展示，如距离的单位。而这些数据质量信息在系统设计阶段作为元数据预先存储在数据字典中，并根据不同操作所展示的质量信息展示。

数据清洗工具是数据质量管理的常用工具。各个数据库提供商都提供了与其相对应的 ETL 或者 ELT 工具，如 Oracle 公司的 Data Integrator、Warehouse Build，Microsoft 公司的 Dynamics Integration，IBM Data Integrator。这些工具只适用于特定的数据库系统，处理一些普遍的数据质量问题，在数据集成时解决异构数据的问题。有一些开源的 ETL 框架不属于任何数据库系统，如 cloverETL，支持开发丰富的数据清洗功能的工具。

二、建立多维度质量监控体系

（一）校本数据中心为基础 夯实学校信息化基础设施建设

加强学校信息化基础设施建设，进行硬件升级与建设，完善有线网络全接入，扩容学校出口带宽，具备教学、教研、科研设备以及图书等感知信息的传输能力，实现服务器、存储、桌面虚拟化，完善智能终端系统建设，完善基础设施运维平台建设。建立学校基础数据库，构建学校校本数据中心，实现学校校本数据容灾备份，实现数据的源头采集和实时采集。将学校校本数据中心与各级各类平台进行对接，统一身份认证，避免信息孤岛。

（二）质量监控平台为抓手，工作流程 E 化为重点，完善状态分析和监控功能

利用质量监控平台，以工作流程 E 化为重点，结合本校实际完善数据平台在内部管理运行中的状态分析和监控功能，制定工作流程 E 化时间线路图以及各部门工作流程表，对校本数据中心的数据进行深度挖掘及分析。

（三）数据质量评价体系及整改计划

定期对系统开展全面的数据治理状况评估，从问题率、解决率、解决时效等方面建立评价指标，通过系统记录并跟踪需要整改的数据问题，要求按期整改优化，从问题定义、问题发现、问题整改、问题跟踪、效果评估 5 个方面建立相应的管理及认责机制，建立相应的质量问题评估 KPI。保证数据质量问题全过程的管理。并根据常见，高频的数据质量问题，联合业务部门，数据质量相关负责人进行会议沟通，制定出短期，长期的整改计划，充分利用监控平台，逐步实现业务指标从系统自动抽取，通过运营监控手段对数据质量情况进行监控和通报，督促、推进数据问题整改。通过对不同阶段数据的规范，分类处理，做到闭环管控，能从根本上解决数据质量问题，为企业发挥数据价值扫除障碍。

引入告警，反馈机制，以线上监控线下实施双重管道提升效率，通过微信、电话、短信或者是微信小程序的方式将告警内容通知到节点责任人，责任人根据告警信息来回应异常具体情况及是否已解决，异常问题记录入系统，为数据问题的跟踪，整改计划提供支撑。从而保证数据的准确性和一致性，做到数据的可见可控，实现数据从源端到平台再到下游应用的全生命周期管理。建立数据问题相应的规范与制度，形成规范性的文档指引系统运维人员进行标准化的实施管理，再通过线上数据流转监控系统查找问题根源，支撑需要落实的线下实施内容。组建专题研究团队，制定相关规则脚本，固化到数据质量平台，对问题数据进行分析，将数据质量情况每天通报给对应的数据

责任人，归纳总结同类型问题实现问题解决机制，现实大数据平台运行调度完整的闭环。

第六章　如何完成数据治理

第一节　数据治理工具

一、治理工具类型

数据治理（Data Governance）是组织中涉及数据使用的一整套管理行为。由企业数据治理部门发起并推行，关于如何制定和实施针对整个企业内部数据的商业应用和技术管理的一系列政策和流程。

国际数据管理协会（DAMA）给出的定义：数据治理是对数据资产管理行使权力和控制的活动集合。

国际数据治理研究所（DGI）给出的定义：数据治理是一个通过一系列信息相关的过程来实现决策权和职责分工的系统，这些过程按照达成共识的模型来执行，该模型描述了谁（Who）能根据什么信息，在什么时间（When）和情况（Where）下，用什么方法（How），采取什么行动（What）。

数据治理的最终目标是提升数据的价值，数据治理非常必要，是企业实现数字战略的基础，它是一个管理体系，包括组织、制度、流程、工具。

常见的治理工具有：

★元数据管理：包括元数据采集、血缘分析、影响分析等功能；

★数据标准管理：包括标准定义、标准查询、标准发布等功能；

★数据质量管理：包括质量规则定义、质量检查、质量报告等功能；

★数据集成管理：包括数据处理、数据加工、数据汇集等功能；

★数据资产管理：包括数据资产编目、数据资产服务、数据资产审批等功能；

★数据安全管理：包括数据权限管理、数据脱敏、数据加密等功能；

★数据生命周期管理：包括数据归档、数据销毁等功能；

★主数据管理：包括主数据申请、主数据发布、主数据分发等功能。

二、治理工具使用场景

从应用成果来看，随着企业对数据治理重视程度的逐渐加深，目前国内外已经出现了很多数据治理方向的工具及解决方案。例如，普元的大数据平台（Primeton Big Data Platform）、华为统一数据治理平台（UDGP）、亚信数据资产云图（DACP）、石竹软件、InfoSphere Information Server（IIS）等。

其中，普元的大数据治理产品主要有大数据平台（Primeton Big Data Platform）和元数据平台（Primeton MetaCube）。大数据平台包括大数据的集成、大数据的符理和大数据的分析等功能，可以解决在大数据场景中传统数据工具无法解决的问题；元数据平台实现统一的数据标准和质量管理及元数据管理。华为的统一数据治理平台（Unified Data Governnance Platform，UDGP）包括统一的数据采集和整合，统一的安全、标准、生命周期和质量管理，以及多维度数据云图功能。平台的使用流程简单易懂，以形象化的方式帮助用户实现对数据的理解和治理目的。IBM 的 InfoSphere Information Server（IIS）灵活性较高，产品由多个模块组成，这些模块可以一起部署也可以单独部署，用户可以根据需求部署对应模块即可。亚信的数据资产云图（DACP，Data Assets Cloud Map）作为数据资产管理平台，涵盖了采集、加工、使用、评估等基于数据资产的全生命周期管理，并提供专业化的数据资产"管家"服务，满足不同角色用户对数据不同层次的需求。

另外，目前也出现了一些开源的数据治理产品。例如，Hortonworks 的 Hadoop 发行版 HDP 中，数据治理包括 Falcon 和 Atlas 两个组件。Atlas 主要负责元数据的管理，它是一套核心基础治理服务的集合，有很好的伸缩性和可扩展性，能够满足企业对 Hadoop 生态系统的多样性需求，并能和企业的数据生态系统集成。Falcon 主要负责数据生命周期的管理，它提供了数据源的管理服务，如生命周期管理、备份、存档到云等，通过 WebUI 可以很容易地配置这些预定义的策略，能够大大简化 Hadoop 集群的数据流管理。

三、治理工具的应用

数据治理工具是一种帮助创建和维护一组结构化策略、程序和协议的过程的工具，这些策略、程序和协议控制企业的数据存储、使用和管理方式。

在当今的环境中，数据是每项业务的核心。可以利用维护良好的数据做出明智的业务和营销决策，使企业与竞争对手区分开来。凯捷研究实验室 2020 年的一份报告显示，39% 的参与企业高管使用数据驱动的洞察力来获得持续的竞争优势。尽管这些数字占少数，但其盈利能力提高了 22% 的显著优势。

数据驱动决策的关键是数据完整性。企业，尤其是企业，越来越多地投资于跨职能平台。基础设施可以是本地的、云端的或混合的。信息在多个应用程序和服务之间不断流动。由于系统中有如此多的数据，确保数据完整性成为一项复杂且持续的任务。这就是数据治理对任何企业都至关重要的原因。数据治理框架通常会告知和记录企业内数据的内容、人员、原因和方式。当企业数据按照预定义的规则和策略进行结构化和约束时，它会提高整个流程的一致性和可访问性。

（一）2021 年十大数据治理工具

1. 睿治数据治理工具

睿治数据治理工具平台是一个智能数据治理工具，可展示数据治理过程中的可视化视图。睿治数据治理工具十大产品模块可独立或组合使用，适应各类不同的数据治理场景应用。

（1）特征

①数据治理：含数据治理九大模块。睿治智能数据治理工具由亿信华辰自主研发，融合数据集成管理、数据交换管理、实时计算存储、元数据管理、数据标准管理、数据质量管理、主数据管理、数据资产管理、数据安全管理、数据生命周期管理十大产品模块，各产品模块可独立或任意组合使用，打通数据治理各个环节，可快速满足政府、企业用户各类不同的数据治理场景。

睿治九大产品模块可独立或组合使用，打通数据治理全过程

图 6-1　睿治数据治理工具

②数据所有权和管理能力：允许数据所有者管理与数据相关的问题。它还允许业务词汇表批准和内置工作流。它提供当前环境的快照视图，允许利益相关者查看何时以及为何对特定数据资产进行了更改。这有助于预测影响、解决问题并提供变更的审计跟踪。

③可视化：睿治为不同的利益相关者提供多个受控视图。它将技术数据描述映射到正确的业务上下文，以提供端到端的数据视图。它还提供系统内数据流的视觉效果。

④业务词汇表：它允许用户创建和维护业务词汇表。

⑤灵活性和兼容性：用户可以选择单独使用其中某一模块或与其他产品和解决方案一起使用。

⑥合规性审计准备：它为收集哪些数据、存储在哪里、谁可以访问它以及如何使用它提供审计就绪的透明度。它允许跟踪和集中管理数据策略。

（2）价格

可根据要求提供定价、也可应要求提供演示。

2.Ataccama

Ataccama 宣称自己是一个自我驱动的数据管理和治理平台即服务 (PaaS)。它提供人工智能驱动的自动化功能，使数据管理变得容易。Ataccama 的设计考虑了自动化驱动的企业，允许轻松扩展。它非常适合希望将数据质量、主数据管理和数据治理解决方案整合到一个工具中的企业。

（1）特征

①数据编目：它使用自动数据发现来创建数据目录。

②数据管理：提供 MDM 功能。它还支持参考数据管理和数据集成。

③元数据管理：Ataccama 具有数据分析功能。

④数据所有权和管理能力：它提供基于角色的安全性，专门为数据管理员、分析师、数据工程师和数据科学家量身定制。

⑤自助服务：它通过可共享的进度报告提供整个数据集的概览。

⑥业务词汇表：Ataccama 提供业务词汇表和数据目录。

⑦灵活性和兼容性：它适用于本地、云和混合环境。Ataccama 适用于多种类型的数据存储，包括 Spark、AWS、MapR、Google 和 Azure 等大数据存储。

⑧合规审计准备：它提供了整个审计历史。

⑨数据策略管理：Ataccama 提供自动化策略执行和业务规则的自动化分配。

（2）可用性

用户报告说，该平台通常需要来自 Ataccama 的顾问来进行设置、更新和部署。虽然自动化非常有利于它，但它缺乏直观的可视化部门。由于它最近收购了 Tellstory 平台，预计它会在这方面很快得到改善。

（3）价格

可根据要求提供定价。如果需要，该公司提供 30 天的免费试用和演示。

3.Collibra

Collibra 是一个以企业为中心的数据治理工具，以其自动化的数据治理和管理解决方案而闻名。Collibra 为企业提供了一个强大的平台来自动化数据治理。其高度可定制的特性使其成为市场上最灵活但最全面的工具之一。

（1）特征

①数据编目：Collibra 有一个单独的数据目录产品，可以链接到业务词汇表和治理策略。它由机器学习提供支持，并通过已注册的数据源爬行以创建目录。

②元数据管理：Collibra 的数据目录允许用户从常用的 ERP 和 CRM 系统中发现、提取和交付元数据。

③数据所有权和管理能力：它提供管理和管理任务的自动化。

④可视化：它提供端到端的数据沿袭可视化。

⑤数据沿袭：Collibra Data Lineage 自动映射数据之间的关系，以显示数据如何在系统之间流动，以及如何构建、聚合、获取和使用数据集。

⑥业务词汇表：支持业务词汇表。

⑦灵活性和兼容性：Collibra 提供上下文搜索、直观的工作流程和数据仪表板。它提供了几个报告模板以及可定制的模板。

⑧合规审计准备：它通过跟踪数据流支持 BCBS239、GDPR、CCPA 和其他合规工作。

⑨数据策略管理：允许用户创建、查看和更新数据策略。

（2）可用性

虽然用户报告了灵活性和整洁的定制服务，但他们也说界面沉重而杂乱。据报道，部署也很困难，尽管技术支持很容易获得。

（3）价格

可根据要求提供定价，该公司提供免费演示。

4.Quest Software erwin

与 Collibra 一样，Quest 软件也提供了一系列可以驱动数据治理框架的产品。它提供 erwin 数据建模器、数据智能、数据目录、智能数据连接器和数据素养。erwin 的数据智能是 Collibra 的一个经济实惠的替代品，它也是一个完整的数据套件。

（1）特征

①数据编目：erwin 数据目录 (erwinDC) 可根据业务需求自动化涉及收集、集成、激活和管理企业数据的流程。

②数据管理：erwin Data Intelligence(erwin DI) 结合了数据目录和数据素养。它自动从各种数据源、操作流程、业务应用程序和数据模型中收集、转换和馈送元数据到一个中央目录中。它支持数据集成和主数据管理。

③元数据管理：erwin DC 是一种元数据管理软件，可以发现数据，包括静态和动态数据。

④自助服务：它通过基于角色的上下文视图使元数据可访问和可理解，以便利益相关者可以根据准确的见解做出战略决策。erwin Data Literacy（erwin DL）包括自助数据发现工具。

⑤可视化：erwin Data Modeler（erwin DM）是一种数据建模工具，用于查找、可视化、设计、部署和标准化高质量的企业数据资产。

⑥数据沿袭：erwin DC 生成列级别的上游和下游数据沿袭。它涵盖了存储库、来自源系统的数据流和报告层，包括中间转换和业务逻辑。

⑦业务词汇表：erwin DL 包括业务词汇表管理。

⑧合规审计准备：它通过管理企业数据基础架构和流程来支持 IT 审计和法规遵从。

⑨数据策略管理：支持对作者的策略管理，维护和发布信息策略，结合角色和职责。它还具有规则管理器，用于定义业务词汇表术语的创建、使用和管理规则。

（2）可用性

用户报告界面不是很直观，它的搜索功能似乎也在进行中。

（3）价格

可根据卖家和经销商的要求提供定价，他们提供免费试用。

5.IBM

IBM 是市场上最成熟的参与者之一，其数据治理工具提供了支持多个数据治理框架的灵活性。IBM 的 Watson Knowledge Catalog 适用于已经使用 IBM 服务且没有任何预算限制的企业。

（1）特征

①数据编目：IBM Watson Knowledge Catalog 在机器学习算法、元数据和数据资产的收获上运行。

②数据管理：IBM InfoSphere Optim 解决方案管理从需求到报废的数据。

③自助服务：它为数据工程师、数据管理员、数据科学家和业务分析师提供自助服务访问。

④可视化：它提供数据配置文件可视化、内置图表和统计数据，以支持业务决策。

⑤数据沿袭：它通过自动分析和分类数据资产来跟踪数据沿袭。

⑥业务词汇表：Watson Knowledge Catalog 支持业务词汇表。

⑦灵活性和兼容性：Watson Knowledge Catalog 在 IBM Cloud 上有多种部署选择。

⑧合规性审计准备：它有助于 PII、PCI 和 PHI 以及 GDPR 合规性，IBM 知识加速器将行业法规和标准中的概念与业务数据保持一致。

⑨数据策略管理：支持主动策略管理。

（2）可用性

用户报告说 Watson Knowledge Catalog 易于使用和浏览，但是，有报告称难以与第三方解决方案集成。

（3）价格

对于 Watson Knowledge Catalog 的单独部署，请联系定价，在 IBM Cloud 上将其作为服务购买的定价基于许可证。

6.Informatica

Informatica 提供最久经考验的解决方案，使业务和 IT 能够轻松协作，Informatica 非常适合已部署 Informatica 的公司。事实上，仅使用 Axon 数据治理工具可能会很昂贵。

（1）特征

①数据编目：Informatica 自动扫描多云平台、BI 工具、ETL、第三方元数据目录和数据类型以创建数据目录。

②数据管理：它封装了主数据管理和基于人工智能的集成模式。

③元数据管理：它扫描和索引元数据。

④自助服务：Informatica 提供自助服务分析。

⑤可视化：它提供了强大的数据沿袭和历史可视化。

⑥数据沿袭：它支持自动数据沿袭跟踪。它跟踪数据移动，从高级系统视图到细粒度的列级沿袭，并获得详细的影响分析。

⑦业务词汇表：支持数据定义的业务词汇表。

⑧灵活性和兼容性：Informatica 在本地和云端使用传统和大数据源工作。

⑨合规审计准备：它打破了孤岛，让 IT、安全和业务团队参与进来，以确保数据符合 GDPR 等合规性。

⑩数据策略管理：Informatica 执行和监控数据策略。

（2）可用性

Informatica 具有陡峭的学习曲线。用户报告说，该解决方案不容易部署和与其他工具集成。

（3）价格

可根据要求提供定价。

7.Io-Tahoe

Io-Tahoe 是一种新的数据治理工具，旨在自动化数据管理工作负载，重点关注数据质量。Io-Tahoe 非常适合数据治理目标侧重于数据发现和数据质量的企业。它的自动化和集成能力是一大优势。

1）特征

①数据编目：Io-Tahoe 具有自动数据发现以创建 SmartData 目录。

②数据管理：它在机器学习算法的帮助下识别结构化、半结构化和非结构化数据格式的关系。

③元数据管理：它分析元数据以及已知和暗数据，以提供有关端到端景观的信息。

④自助服务：Io-Tahoe 提供自助服务知识图来搜索和探索跨系统（包括 ERP、CRM、计费系统和社交媒体）的数据内容，以推动数据管道。

⑤可视化：它提供了高度自动化的数据可视化，以简化信息流；还提供了数据依赖性、异常和直观的搜索。

⑥数据沿袭：在数据发现阶段自动构建全面的数据沿袭。

⑦业务词汇表：Io-Tahoe 支持业务词汇表。

⑧灵活性和兼容性：它可以跨多个平台工作。

⑨合规审计准备：确保遵守 GDPR、Dodd-Frank 和 CCAR 等关键法规。

⑩灵活性和兼容性：它适用于 Windows、Unix、云、内部部署和 SaaS。

2）可用性

市场上相对较新，用户报告了一个简单的界面，其中有一些需要解决的问题。

3）价格

定价可根据要求提供，演示也是如此。

8.OvalEdge

OvalEdge 是一个数据目录和治理工具。

（1）特征

①数据编目：OvalEdge 使用 NLP 和 ML 使用标签、使用统计数据、用户名和自定义标签自动企业和分类数据。

②数据管理：支持数据管理和维护。

③元数据管理：它抓取所有数据源、如数据湖、文件、表、分析软件等，以索引元数据。

④数据所有权和管理能力：OvalEdge 明确定义了角色和职责，包括数据所有者和数据管理员。

⑤自助服务：它生成有关数据使用和错误的报告，以提供对数据的洞察。

⑥可视化：它提供了数据关系、摘要、沿袭和索引数据的可视化表示，以便于搜索和检索。

⑦数据沿袭：它提供了沿袭的可视化表示，以显示整个生命周期。

⑧业务词汇表：支持业务词汇表。

⑨数据策略管理：OvalEdge 通过策略、控制和工作流定义数据质量规则并管理数据访问。

（2）可用性

用户报告了一个易于部署的直观平台。据用户称，主要优点之一是它的可定制性。

（3）价格

OvalEdge的入门包起价为每位用户每月100美元/年，它非常适合寻求基于敏捷的、价格合理的解决方案的中小企业。

9.SAP

SAP的企业主数据治理将主数据管理与数据治理相结合。

（1）特征

①数据编目：支持编目创建和导入。

②数据管理：SAP Master Data Governance在单个应用程序中支持主数据整合和中央治理场景。

③元数据管理：支持元数据管理。

④数据所有权和管理能力：MDG提供了设置角色和职责的能力，包括数据所有者和数据管理者。

⑤可视化：MGD提供全面、深入的数据治理视图。

⑥数据沿袭：SAP的数据智能建模器分析和记录数据沿袭。

⑦业务词汇表：支持业务词汇表。

⑧灵活性和兼容性：它可以部署在本地或云端。

⑨数据政策管理：它能够为数据质量和治理制定政策和程序。

（2）可用性

对于那些没有使用过很多SAP服务的人来说，界面并不直观。但是一旦跨越陡峭的学习曲线，这个数据治理工具就很容易导航了。

（3）价格

SAP为MDG提供两种定价选项：按域定价或涵盖多个域的基于许可的定价。可以免费试用，可应要求提供详细价格。SAP的MDG非常适合已经使用该公司其他服务的企业。除了实际的工具，用户还需要为部署和使用培训制定预算。

10.Talend

Talend为数据治理提供统一的云平台。Talend专为寻求自动化和更多自助服务功能的大型企业而设计，它面向业务决策者。

（1）特征

①数据编目：Talend提供强大的搜索和发现工具。

②数据管理：Talend Data Inventory精确定位跨数据源的数据孤岛，并突破可重用和可共享的数据资产。这反过来又与Talend Pipeline Designer和数据准备集成。

③元数据管理：它提供连接器以从系统内的任何数据源中提取元数据。

④数据所有权和管理能力：Talend Data Stewardship提供基于团队的工作流来定义优先级并跟踪整个企业中数据项目的进度。数据可以被清理、认证和协调。

⑤自助服务：它通过用于分类和记录数据的自助服务应用程序消除了业务和IT之

间的障碍。

⑥可视化：Talend Data Fabric 提供端到端的统一平台，充当所有企业数据的单一管理平台。

⑦数据沿袭：提供智能数据沿袭追踪。

⑧业务词汇表：Talend 的 Metadata Manage 支持业务词汇表。

⑨灵活性和兼容性：它可以部署在本地或云端。

⑩合规审计准备：它提供合规跟踪。

（2）可用性

用户报告说 Talend 非常易于使用和部署，尽管内部版本比云版本更难部署。用户还报告说，其监控能力还有改进的余地。

（3）价格

Talend 有一个免费的开源版本的产品，其定价取决于功能方面的捆绑包和使用情况，其付费计划起价为 100 美元 / 月。

综上所述，数据是新石油，听起来很陈词滥调，但事实确实如此。无论企业规模如何，增长都在于利用位于业务中心的数据。随着全球数据呈指数级增长，数据治理工具使公司能够在扩展和增长时保持数据的完整性和一致性，数据赋予决策权力，这就是为什么投资数据治理工具对各种规模的企业都至关重要。

第二节　人工治理服务

一、人工治理使用场景

高校信息化发展水平从"数字校园"到"智慧校园"再到"智能校园"最重要的衡量标准就是对数据的治理和应用水平，即学校大数据中心的数据种类是否全面、数据字段是否完整、数据是否常态化、数据是否准确可用；学校是否在准确的数据基础上构建大数据应用，构建的大数据应用是否真实解决学校的实际痛点问题。

笔者所在学校信息化建设通过数字校园阶段建设，已基本实现核心管理及服务类业务系统的全覆盖，且各业务领域系统之间打破了信息孤岛现象，各类结构化数据已在大数据中心得到了积累和沉淀，但是数据中心中积累的数据仍然面临着严峻的数据质量问题：第一，没有业务系统支撑的数据仍然散落在各职能处室、系院部相关负责人或教工手中，这类数据存在的形式多样（非结构化）、质量参差不齐且数据采集工作量大，无法真实、准确有效地沉淀在数据中心；第二，具有业务系统支撑的业务数据，由于不同厂家的数据不一致、数据库的异构性以及业务处室的系统应用程度，或多或少地影响数据的种类和完整性，不同厂家的业务系统之间的壁垒也同样导致基础数据、业务明细数据之间存在差异。对于笔者所在学校大数据中心的数据治理，提高数据的可用性、可信度已迫在眉睫。

笔者所在学校已初步构建了基于大数据中心的校情分析系统，涵盖了人事、学管、图书、资产、科研的基础数据分析，由于数据集成度普遍不高、数据标准不够健全、数据质量整体而言较低，导致可以利用的数据种类和数量有限，难以形成大数据应用（深层次利用）的广泛基础，这些数据分析应用提供的数据呈现和服务可信度不高、可用性较差，数据出现错误或不一致后无法快速定位原因。在数据质量提升的前提下，在此基础上构建基于大数据的应用，提升教育教学与管理效率和决策能力。

1. 建设目标

（1）基础出发，逐步治理。第一期建设着重提高两项到三项数据大类的完整性、准确度，如人事数据源、教学数据源、学生数据源。以后每期建设着重几项数据大类的数据质量问题进行治理，经过三期数据治理全面提升学校数据的质量水平，为学校信息化水平向智能校园建设夯实数据基础。

（2）问题导向，解决痛点。在高质量的数据基础上重构现有校情分析系统，使数据统计分析的可信度、可用性得到极大提升。并在此基础之上构建 1-2 个高价值的大数据应用产品，如学生安全管理服务系统、学生精准扶贫服务系统，解决实际管理、决策中的真正痛点问题。

2. 整体架构

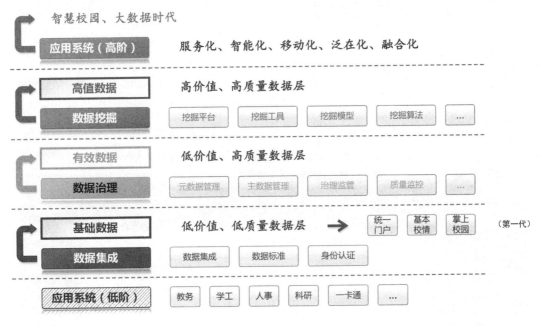

图 6-2　大数据系统整体架构

通过学校长期的数字校园建设和近两年诊改平台系统的建设，学校数据中心的建设水平已经达到上图的第二层次，即初步完成业务系统数据整合、统一数据标准，诊改工作同时促进了数据中心中数据种类的丰富度和多样性，并基于现有数据基础之上构建了基本校情分析系统。

数据治理层，通过数据质量监测工具（元数据管理、主数据管理、治理监管、质量监测）和人工数据治理的双重手段，首先在基础数据集上逐个治理，提升数据质量。此类数据集包含人事数据集、教务数据集、学生数据集、图书数据集、招生数据集、就业数据集、科研数据集、消费数据集、第二课堂数据集、教学运行数据集等。两种治理手段中监测工具用于针对特定业务进行数据规则引擎监测的形式发现数据问题，人工数据治理针对散落在各职能部门和系院部手中的结构化或非结构化的数据。

数据挖掘层，以问题为导向构建数据分析模型，基于高质量、高价值的数据形成高可信度的数据决策服务，如学生失联预警模型提升学生安全管理、教学漏洞分析模型解决实际教学与计划教学两张皮的问题等。

经过不断的数据清洗治理，逐步构建解决学校管理的痛点问题模型，最终形成精确的数据检索服务体系、实用的决策支撑平台，提高学校教育教学与管理的综合水平，提升人才培养质量，完善内部质量保证体系，促进诊断与改进深切落实在学校各层面实际中去。

二、如何完成人工治理

1. 数据治理工具

首先，数据治理检测工具的建设主要侧重于解决具体的数据问题和通用数据规则引擎，通过特定业务筛查和规则筛查的形式对数据中心中现有的结构化业务数据进行数据监测，发现现有数据的基础问题及具体数据。其核心功能模块包含：数据检测方案管理、核心数据检测指标管理、数据检测监控、数据检测报告、数据检测规则管理等。

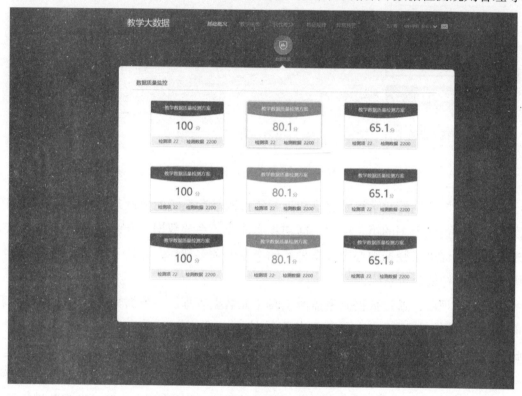

图 6-3　教学大数据数据质量监控

2. 数据检测方案管理

埃必恩 Optim 测试数据管理解决方案提供了一系列的工具和服务，帮助设计全面的测试战略，支持和改进应用测试过程的每个阶段。它允许用户迁移、浏览、插入、加载、转换、编辑和比较相关数据的完整子集。其中包括真实的测试数据，同时提高生产力和总体的应用质量，并降低开发成本。　Optim 对于测试数据的管理可以提高应用系统的质量，通过简化创建和管理测试环境的方式来加快应用部署，降低 IT 成本，加速项目的实施进度，它提取数据的子集，然后进行迁移，以构建真实且规模适中的测试数据库，消除维护多个数据库副本的开销和工作。同时可以去标识化、屏蔽和转换机密数据，以保护隐私和让未授权泄露的可能性降到最低。采用一些数据选择的标准来支持测试的完整过程。使用标准的数据和测试系统运行结果产生的数据进行比较，指出运行结果中错误的数据，提高应用系统质量。从多个相关的系统中组合数据，创建一个与生产系统类似的测试环境，可以正确有效的反映出实际的业务处理 利用保存出的抽取的数据可以快速的刷新和重置测试环境。质量保证人员可以验证整个系统是否按照预期正常运转，以及与其他系统的交互是否正确。

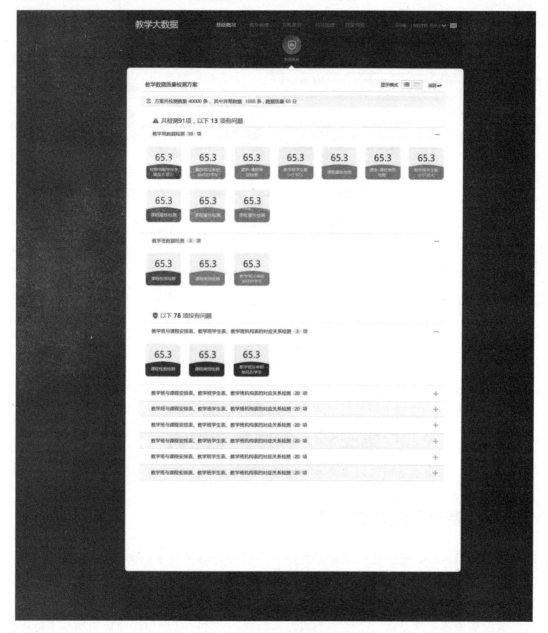

图 6-4　教学数据质量检测方案

3. 数据业务检测项管理

数据治理工具侧重于问题数据的清洗，数据清洗主要分为数据源头自动清洗和数据源头人工修改两种方式。对于具有源头业务系统的数据采用源头自动清洗的方式解决数据问题，对于没有业务系统支撑的数据集采用人工复核清洗的方式进行，保证数据中心的数据质量准确可靠。

4. 人工治理服务

人工治理服务旨在解决那些没有业务系统支撑或有业务系统支撑但未进业务系统的结构化数据或非结构化数据的数据质量问题。由人工梳理各类数据集的标准、字段、数据来源、数据质量标准、检测规则、数据流转方式、数据质量保证机制。

2	描述	教职工个人当前最新的基本信息			
3	注意事项-1	必须包含当前在职、离职、退休和返聘人员，必须同步离职、退休和返聘状态			
4	注意事项-2	教职工基本信息首先要搞清楚教职工状态，清楚学校当前有多少教师是最基本的要求			

字段信息（一类字段、不能缺少）						
		字段中文名	字段	数据采集要求	数据追溯	检测类型	检测规则
1	*	ID	ID	主键，无特殊含义，唯一标识，不可重复；		主键（系统内置规则）	
2	*	工号	TEA_NO	工号		非空（系统内置规则）	
3	*	姓名	NAME_	姓名		非空	
4	*	教职工状态	TEA_STATUS_CODE	在职（11，含其他原因在岗人员）、退休（01）、离职（07）、返聘（12）、其他（99，表示不在校）（不可变更） 数据：select * from t_code t where t.code_type = 'TEA_STATUS_CODE' 注意：系统默认加载状态11的在职教师数据，切换年份时根据教师"退休记录表"、"返聘记录表"查询教师		非空 枚举（系统内置规则） 数据关联	
5	*	身份证号	IDNO	18/15位		非空 身份证号（系统内置规则）	
6	*	出生日期	BIRTHDAY	例：1990-01-01		非空 日期（10位）（系统内置规则）	
7	*	来校日期	IN_DATE	例：2008-01-01		非空 日期（10位）	

图 6-5 人工治理服务各类数据处理要求

第三节 数据集成逻辑

一、数据集成场景分析

Microsoft Azure 提供各种数据平台服务，以便能够执行不同类型的分析。无论是数据仓库中的描述性分析解决方案，还是通过 HDInsight、Azure Databricks 或机器学习服务中的预测性分析，都需要一种服务来处理数据集成的重要方面。

数据集成首先涉及从一个或多个源收集数据。（可选）数据集成通常包括一个过程，在该过程中，可以对数据进行清理和转换，可以扩充其他数据并进行准备。最后，合并后的数据存储在数据平台服务中，该服务可处理要执行的分析类型。Azure 数据工厂可以采用称为"提取、转换和加载 (ETL)"的模式来自动执行此过程。

（一）提取

在提取过程中，数据工程师定义数据及其源。

定义数据源：识别源详细信息，如资源组、订阅和标识信息（如密钥或机密）。

定义数据：确定要提取的数据。通过使用数据库查询、一组文件或适用于 blob 存储的 Azure Blob 存储名称来定义数据。

（二）转换

定义数据转换：数据转换操作可以包括拆分、合并、派生、添加、删除或透视列。映射数据源和数据目标之间的字段，可能还需要聚合或合并数据。

（三）加载

定义目标：加载过程中，许多 Azure 目标可以接受格式为 JavaScript 对象表示法 (JSON)、文件或 blob 的数据，你可能还需要编写代码以便与应用程序 API 进行交互。

Azure 数据工厂提供对 Azure Functions 的内置支持；还可以找到对许多编程语言的支持，包括 Node.js、NET、Python 和 Java。尽管可扩展标记语言 (XML) 在过去十分常见，但由于其作为半结构化数据类型的灵活性，大多数系统已迁移到 JSON。

启动作业：在开发或测试环境中测试 ETL 作业，然后将作业迁移到生产环境以家在生产系统。

监视作业：ETL 操作可能涉及许多复杂的过程，设置主动式和反应式监视系统，以在出现故障时提供有用信息，根据它将使用的技术设置日志记录。

（四）ETL 工具

作为数据工程师，有几种可用的 ETL 工具。Azure 数据工厂为无代码用户和基于代码的用户提供将近 100 个企业连接器和强大的资源，以满足他们的数据移动和转换需求。

Azure 为能够无限制地处理非结构化数据的技术开辟了道路，此更改将加载和转换数据的模式从 ETL 转变为提取、加载和转换 (ELT)。

ELT 的好处是可以采用原始数据格式存储数据，无论是 JSON、XML、PDF 还是图像。在 ELT 中，在转换阶段定义数据的结构，因此可以在多个下游系统中使用源数据。

在 ELT 过程中，以数据的本机格式提取和加载数据。此更改减少了将数据加载到目标系统所需的时间，还限制了数据源上的资源争用。

ELT 过程的步骤与 ETL 过程相同，但顺序不同。

还有一个类似于 ELT 的过程，我们称之为提取、加载、转换和加载 (ELTL)。与 ELTL 不同的是，它最后还有一个加载到目标系统中的步骤。

Azure 数据工厂可以支持两种常见类型的数据集成模式。

（五）新式数据仓库工作负载

新式数据仓库是一个集中式数据存储，它使用结构化、非结构化或流式数据源在整个企业中提供描述性分析和决策支持服务。数据定期从多个事务系统、关系数据库和其他数据源流到仓库中。存储的数据用于历史和趋势分析报告。数据仓库充当许多主题区域的中央存储库，包含"单一事实源"。

Azure 数据工厂通常用于通过针对结构化和非结构化数据源的批处理来自动化提取、转换和加载数据的过程。

（六）高级分析工作负载

可以使用一系列 Azure 数据平台服务以预测或强占式分析的形式执行高级分析。Azure 数据工厂提供从源系统到 Data Lake 存储的集成，并且可以启动计算资源（例如 Azure Databricks 或 HDInsight）以使用数据执行高级分析工作。

二、数据集成模式

（一）数据集成的基本概念

在信息化建设初期，由于缺乏合理有效的规划和协作，信息孤岛现象普遍存在，大量的冗余数据和垃圾数据存在于信息系统中，数据质量得不到保证，信息的利用效率明显低下。为了解决这个问题，数据集成技术应运而生。数据集成技术是协调数据源之间的不匹配问题，将异构、分布、自治的数据集成在一起，为用户提供单一视图，使得可以透明地访问数据源。系统数据集成主要指异构数据集成，重点是数据标准化和元数据中心的建立。

数据标准化：数据标准化的作用在于提高系统的可移植性、互操作性、可伸缩性、通用性和共享性。数据集成依据的数据标准包括属性数据标准、网络应用标准和系统元数据标准。名词术语词典、数据文件属性字典、菜单词典及各类代码表等为系统公共数据，在此基础上促成系统间的术语、名称、代码的统一，促成属性数据统一的维护管理。

元数据中心的建立：在建立元数据标准的基础上，统一进行数据抽取、格式转换、重组、储存，实现对各业务系统数据的整合。经处理的数据保存在工作数据库中，库中所有属性数据文件代码及各数据文件中的属性项代码均按标准化要求编制，在整个系统中保持唯一性，可以迅速、准确定位。各属性项的文字值及代码，也都通过词库建设进行标准化处理，实现一词一义。

（二）数据集成方法

数据规范和数据交换的完成，对数据集成的有效进行提供了很大的帮助，但在数据集成时仍然需要解决以下难题。

首先是异构性。数据异构分为两个方面：其一，不同数据源数据的结构不同，此为结构性异构；其二，不同数据源的数据项在含义上有差别，此为语义性异构。其次是数据源的异地分布性。最后是数据源的自治性。数据源可以改变自身的结构和数据，这就要求数据集成系统应具有鲁棒适应性。

为了解决这些难题，现在有模式集成方法、数据复制方法和基于本体的数据集成方法这几种典型的数据集成方法：

(1) 模式集成方法

模式集成方法为用户提供统一的查询接口，通过中介模式访问实时数据，该模式直接从原始数据库检索信息。该方法的实现共分为四个主要步骤：源数据库的发现、查询接口模式的抽取、领域源数据库的分类和全局查询接口集成。

模式集成方法依赖于中介模式与原始源模式之间的映射，并将查询转换为专用查询，以匹配原始数据库的模式。这种映射可以用两种方式指定：作为从中介模式中的实体到原始数据源中的实体的映射——全局视图 (GAV) 方法，或者作为从原始源中的实体到中介模式——本地视图 (LAV) 方法的映射。后一种方法需要更复杂的推理来解析对中介模式的查询，但是可以更容易地将新数据源添加到稳定中介模式中。

模式集成方法的优点是为用户提供了统一的访问接口和全局数据视图；缺点是用户使用该方法时经常需要访问多个数据源，存在很大的网络延迟，数据源之间没有进行交互。如果被集成的数据源规模比较大且数据实时性比较高更新频繁，则一般采用模式集成方法。

(2) 数据复制方法

数据复制方法是将用户可能用到的其他数据源的数据预先复制到统一的数据源中，用户使用时，仅需访问单一的数据源或少量的数据源。数据复制方法提供了紧密耦合的体系结构，数据已经在单个可查询的存储库中进行物理协调，因此解析查询通常需要很少的时间，系统处理用户请求的效率显著提升；但在使用该方法时，数据复制需要一定的时间，所以数据的实时一致性不好保证。数据仓库方法是数据复制方法的一种常见方式，第一个数据集成系统便是使用该方法于 1991 年在明尼苏达大学设计的。该方法的过程是：先提取各个异构数据源中的数据，然后转换、加载到数据仓库中，用户在访问数据仓库查找数据时，类似访问普通数据库。

对于经常更新的数据集，数据仓库方法不太可行，需要连续重新执行提取、转换、加载 (ETL) 过程以进行同步。从数据复制方法的优缺点中可以看出：数据源相对稳定或者用户查询模式已知或有限的时候，适合采用数据复制方法。

下面举例说明这两种集成方法具体应用的区别：目前我们想要设计一个应用程序，该应用程序的功能为用户可以利用该程序查询到自己所在城市的任何信息，包括天气信息、人口统计信息等。传统的思想是，把所有这些信息保存在一个后台数据库中，但是这种广度的信息收集起来难度大且成本高，即使收集到这些资源，它们也可能会复制已有数据库中的数据，不具备实时性。

此时，我们选择模式集成方法解决该应用程序面临的问题。让开发人员构建虚拟模式——全局模式，然后对各个单独的数据源进行"包装"，这些"包装"只是将本地查询结果（实际上是由相对应的网站或数据库返回的结果）转换为易于处理的表单，当使用该应用程序的用户查询数据时，看似是本地查询，实则数据集成系统会将此查询转换为相应数据源上的相应查询。最后，虚拟数据库将这些查询的结果反馈给用户。

如果我们选择使用数据复制方法来解决此问题的话，首先，我们需要把所有的数据信息复制到数据仓库中，每当数据（如天气情况）有所更新时，我们也要手动集成到系统中。所以，两种数据集成方法的使用需根据具体的情形来选择。

(3) 基于本体的数据集成

根据上述介绍，数据异构有两个方面：前两种方法都是针对解决结构异构而提出的解决方案；而本体技术则致力于解决语义性异构问题。语义集成过程中，一般通过冲突检测、真值发现等技术来解决冲突，常见的冲突解决策略有如下三类：冲突忽略、冲突避免和冲突消解。冲突忽略是人工干预把冲突留给用户解决；冲突避免是对所有的情形使用统一的约束规则；冲突消解又分为三类：一是基于投票的方法采用简单的少数服从多数策略；二是基于质量的方法，此方法在第一种方法的基础上考虑数据来源的可信度；三是基于关系的方法，此方法在第二种方法的基础上考虑不同数据来源之间的关系。

本体是对某一领域中的概念及其之间关系的显式描述，基于本体的数据集成系统允许用户通过对本体描述的全局模式的查询来有效地访问位于多个数据源中的数据。陶春等人针对基于本体的 XML 数据集成的查询处理提出了优化算法。目前，基于本体技术的数据集成方法有三种，分别为单本体方法、多本体方法和混合本体方法。

由于单本体方法所有的数据源都要与共享词汇库全局本体关联，应用范围很小，且数据源的改变会影响全局本体的改变。为了解决单本体方法的缺陷，多本体方法应运而生。多本体方法的每个数据源都由各自的本体进行描述，它的优点是数据源的改变对本体的影响小，但是由于缺少共享的词汇库，不同的数据源之间难以比较，数据源之间的共享性和交互性相对较差。混合本体方法的提出，解决了单本体和多本体方法的不足：混合本体的每个数据源的语义都由它们各自的本体进行描述，解决了单本体方法的缺点。混合本体还建立了一个全局共享词汇库以解决多本体方法的缺点。混合本体方法有效地解决了数据源间的语义异构问题。

三、数据集成注意事项

1. 系统耦合度

随着数据整合工作的持续进行，一个应用系统会有多个接口对应其他应用系统，以此实现各个应用系统之间的数据交互。这种基于传统的系统集成技术，势必造成各个信息系统之间的联系越来越广、耦合度过强。如当更新一个系统时，必须对原系统对应的多个系统接口进行测试，造成系统更新的工作量大，并且严重影响新系统上线后的稳定性。

2. 数据维护的可行性

中心数据库中的海量数据，需要有效的数据维护方案来保障数据的可靠性、真实性、一致性、权威性、及时性。数据维护方案从最开始的人工审核，到如今的 ETL、ODS 技术，都没有解决维护的彻底性问题。如 ETL 定义的数据清洗规则，只能针对数据格式、部分数据编码进行清洗，不能对数据内容的正确性进行清洗；ETL 也不能保障中心数据库中所有数据的一致性和完整性；最后，ETL 对错误数据的发现和更新处理较弱，不能有效地发现错误数据，也不能合理地进行数据更新处理。由于 ETL 存在的众多功能缺陷，导致了 ODS 技术的产生，ODS 致力于解决数据的更新问题，但仍对错误数据的发现能力较弱，同时对于数据的更新处理缺乏完善的体制，导致数据的权威性和一致性受到质疑。

通过对 ETL、ODS 两种技术的分析比较，众多企业逐渐认识到要保障数据的有效维护，必须要制定一套整体的策略，策略中不应只有技术，还应包括一系列流程，通过流程与技术的结合，实现数据的有效维护。

3. 数据组织的有序性

由于欠缺对数据的全局分析，导致各类数据在语义、模型等方面存在巨大差异和不一致现象。如传统的数据字典，采用自然语言的描述方式对数据含义进行解释，由于自然语言的多样性，造成数据库中各元数据描述的差异性，导致多列含义相同的元数据不能被有效发现，从而严重影响数据的一致性维护；同时由于数据描述的差异性，不能有效地发现数据库中的各类相同或相近含义的数据，造成数据一旦被放入数据库便很难再被利用的现象。正是由于缺乏对数据有效描述和组织的模式，导致中心数据库中数据的有效利用率低，数据冗余现象严重。

第四节　数据中心存储

一、结构化类数据存储

（一）概述

结构化数据，简单来说就是数据库。结合到典型场景中更容易理解，如企业 ERP、财务系统，医疗 HIS 数据库，教育一卡通，政府行政审批，其他核心数据库等。

基本包括高速存储应用需求、数据备份需求、数据共享需求以及数据容灾需求。

结构化数据也称作行数据，是由二维表结构来逻辑表达和实现的数据，严格地遵循数据格式与长度规范，主要通过关系型数据库进行存储和管理。与结构化数据相对的是不适于由数据库二维表来表现的非结构化数据，包括所有格式的办公文档、XML、HTML、各类报表、图片和音频、视频信息等。支持非结构化数据的数据库采用多值字段、了字段和变长字段机制进行数据项的创建和管理，广泛应用于全文检索和各种多媒体信息处理领域。

（二）作用

结构化数据标记，是一种能让网站以更好的姿态展示在搜索结果当中的方式。做了结构化数据标记，便能使网站在搜索结果中良好地展示丰富网页摘要。

搜索引擎都支持标准的结构化数据标记，以便为用户提供更好的上网体验。网页内微数据标记可以帮助搜索引擎理解网页上的信息，能更方便搜索引擎识别分类，判断相关性。

同时结构化微数据可以让搜索引擎提供更丰富的搜索结果摘要展现，也就是为用户的具体查询提供帮助的详细信息，让用户直接在搜索结果中看见你商品的重要信息。例如，商品的价格、名称、库存状况（商品是否有货）、评论者评分和评论等都可以在搜索结果摘要直接看到。

这些丰富网页摘要可帮助用户了解网站与他们的搜索内容是否相关，可以让网页获得更多点击。

如在搜索结果中，部分展示了更多的星级评分、评论条数以及价格等因素，这样无疑增加了网站的专业程度，且提高了客户对网站的信任度，网站良好的曝光度无形中就提高了网站的点击率与转化率。

（三）标记方式

1. 使用 HTML 代码标记

HTML 代码标记的方式主要有三种：微数据、微格式和 RDFa。但对于一些外贸站来说，标记是以微数据为主，少许时候也会用到微格式，应视不同的页面类型而定。

2. 使用微数据标记

使用微数据标记的话，有两种代码格式 :http://data-vocabulary.org/ 和 http://schema.org/。由于 data-vocabulary 标记只支持谷歌搜索，而 schema 同时支持谷歌、雅虎、Bing 等搜索，因而我们不妨称 data-vocabulary 为旧版标记，schema 为新版标记。

主流是使用 schema 进行标记。但由于页面上有些项 (如面包屑导航), schema 并没推出相应的标记代码，从而也得仍旧使用 data-vocabulary 来标记，这样的话页面代码上就会出现新旧代码并存的情况，不过这并不妨碍搜索引擎蜘蛛抓取页面内容。

使用数据标注工具，可以进行简单的内容标记。其支持九种标记类型：文章、图书评论、事件、本地商家、电影、产品、餐馆、软件应用和电视续集。操作时可以创建个网页集，针对那个类型页面进行标记，然后谷歌会抓取该类型相关网页的内容，用户进行审核修改，修改后如无问题，点击确认创建即可。

二、非结构化类数据存储

（一）概述

非结构化数据是数据结构不规则或不完整，没有预定义的数据模型，不方便用数据库二维逻辑表来表现的数据。它包括所有格式的办公文档、文本、图片、XML、HTML、各类报表、图像和音频 / 视频信息等等。

计算机信息化系统中的数据分为结构化数据和非结构化数据。非结构化数据其格式非常多样，标准也是多样性的，而且在技术上非结构化信息比结构化信息更难标准化和理解。所以存储、检索、发布以及利用需要更加智能化的 IT 技术，如海量存储、智能检索、知识挖掘、内容保护、信息的增值开发利用等。

（二）优势

1. 有大量的数据需要处理

非结构化数据在任何地方都可以得到。这些数据可以在用户公司内部的邮件信息、聊天记录以及搜集到的调查结果中得到，也可以是用户对个人网站上的评论、对客户关系管理系统中的评论或者是从用户使用的个人应用程序中得到的文本字段。而且也可以在公司外部的社会媒体、用户监控的论坛以及来自一些用户很感兴趣的话题的评论。

2.蕴藏着大量的价值

有些企业正投资几十亿美金分析结构化数据，却对非结构化数据置之不理，在非结构化数据中蕴藏着有用的信息宝库，利用数据可视化工具分析非结构化数据能够帮助企业快速地了解现状、显示趋势并且识别新出现的问题。

3.不需要依靠数据科学家团队

分析数据不需要一个专业性很强的数学家或数据科学团队，公司也不需要专门聘请 IT 精英去做。真正的分析发生在用户决策阶段，即管理一个特殊产品细分市场的部门经理，可能是负责寻找最优活动方案的市场营销者，也可能是负责预测客户群体需求的总经理。终端用户有能力，也有权利和动机去改善商业实践，并且视觉文本分析工具可以帮助他们快速识别最相关的问题，及时采取行动，而这都不需要依靠数据科学家。

4.终端用户授权

正确的分析需要机器计算和人类解释相结合。机器进行大量的信息处理，而终端客户利用他们的商业头脑，在已发生的事实基础上决策出最好的实施方案。终端客户必须清楚地知道哪一个数据集是有价值的，他们应该如何采集并将他们获取的信息更好地应用到他们的商业领域。此外，一个公司的工作就是使终端用户尽可能地收集到更多相关的数据并尽可能地根据这些数据中的信息做出最好的决策。

很明显，非结构化数据分析可以用来创造新的竞争优势。新的前沿可视化工具使用户容易解释，让他们在点击几下鼠标之后就能清楚地了解情况。从非结构化的数据源中挖掘信息从来就没有像这样如此简单。

（三）采集

在很多知识库系统中，为了查询大量积累下来的文档，需要从 PDF、Word、Rtf、Excel 和 PowerPoint 等格式的文档中提取可以描述文档的文字，这些描述性的信息包括文档标题、作者、主要内容等等。这样一个过程就是非结构化数据的采集过程。

非结构化数据的采集是信息进一步处理的基础。有许多开源库已经实现了从非结构化文档中采集关键信息的功能，但针对不同格式的文档，所用的开源库不尽相同。

例如，Apache POI 是 Apache 软件基金会的开放源码函式库，POI 提供 API 给 Java 程序对 Microsoft Office 格式档案读和写的功能。其结构包括：HSSF 提供读写 Microsoft Excel XLS 格式档案的功能；XSSF 提供读写 Microsoft Excel OOXML XLSX 格式档案的功能；HWPF 提供读写 MicrosoftWord DOC 格式档案的功能；HSLF 提供读 Microsoft PowerPoint 格式档案的功能；HDGF 提供读写 Microsoft Visio 格式档案的功能等。

PDFBox 是 Java 实现的 PDF 文档协作类库，提供 PDF 文档的创建、处理以及文档内容提取功能，也包含一些命令行实用工具。其主要特性包括：从 PDF 提取文本；合并 PDF 文档；PDF 文档加密与解密；与 Lucene 搜索引擎的集成；填充 PDFIXFDF 表单数据；从文本文件创建 PDF 文档；从 PDF 页面创建图片；打印 PDF 文档。PDFBox 还提供和 Lucene 的集成，它提供了一套简单的方法把 PDFDocuments 加入 Lucene 的索引中。

另外，parse-rtf 可以对 RTF 文件处理，SearchWord 可对 Word、Excel、PPT 文件进行处理等等。

（四）查询

随着计算机、互联网和数字媒体等的进一步普及，以文本、图形、图像、音频、视频等非结构化数据为主的信息急剧增加，面对如此巨大的信息海洋，特别是非结构化数据信息，如何存储、查询、分析、挖掘和利用这些海量信息资源就显得尤为关键。传统关系数据库主要面向事务处理和数据分析应用领域，擅长解决结构化数据管理问题，在管理非结构化数据方面存在某些先天不足之处，尤其在处理海量非结构化信息时更是面临巨大挑战。为了应对非结构化数据管理的挑战，出现了各种非结构化数据管理系统，如基于传统关系数据库系统扩展的非结构化数据管理系统，基于 NoSQL 的非结构化数据管理系统等。

在非结构化数据管理系统中，查询处理模块是其中一个重要的组成部分，针对非结构化数据的特性设计合理地查询处理框架和查询优化策略对于非结构数据的快速、有效访问极为重要。传统的结构化查询处理过程是：首先翻译器翻译查询请求生成查询表达式；其次由优化器优化查询表达式，得到优化过的查询计划；最后由执行器选择最优的查询计划执行，得到查询结果。查询处理的主要操作包括选择操作、连接操作、投影操作、聚合函数、排序等。查询优化的方法包括基于代价估算的优化和基于启发式规则的优化等。

非结构化查询处理过程中除了结构化数据查询处理所包含的操作外，还有两个重要的操作相似性检索和相似性连接。相似性检索是指给定一个元素，在由该种类元素组成的集合中寻找与之相似的元素。例如论文查重系统用到文本的相似性检索，谷歌的以图搜图的功能用到图像的相似性检索，手机上根据哼唱匹配音乐是音频的相似性检索等。相似性连接是数据库连接操作在非结构化数据上的一种扩展，它寻找两个元素种类相同的集合之间满足相似性约束的元素对，在数据清洗、数据查重、抄袭检测等领域有着重要的作用。非结构化查询处理框架要针对这两种非结构化数据特有的查询操作对结构化查询处理框架进行改进。

非结构化查询优化，在代价估算上除了要考虑结构化数据的代价估算模型外，还要设法建立相似性查询和相似性连接的代价估算模型，对于针对非结构化数据的全文索引和空间索引，也应该有不同于 B 树索引的代价估算模型。代价估算模型除了要考虑 CPU 时间、IO 时间外，由于非结构化数据一般都存储在分布式系统之上，还需要考虑到中间结果网络传输所用的时间，所以中间结果的大小估算对于非结构化数据的查询优化比结构化数据的查询优化更为重要。非结构化数据的查询优化中的启发式规则和结构化数据也有所不同。

（五）存储

IDC 的一项调查报告中指出，企业中 80% 的数据都是非结构化数据，这些数据每年都按指数增长 60%。据报道指出，平均只有 1%~5% 的数据是结构化的数据。如今，这种迅猛增长的从不使用的数据在企业里消耗着复杂而昂贵的一级存储的存储容量。如何更好地保留那些在全球范围内具有潜在价值的不同类型的文件，而不是因为处理它们却干扰日常的工作。云存储是越来越多的 IT 公司正在使用的存储技术。

三、半结构化类数据存储

（一）概念

和普通纯文本相比，半结构化数据具有一定的结构性，OEM(Object exchange Model) 是一种典型的半结构化数据模型。

半结构化数据 (semi-structured data)。在做一个信息系统设计时肯定会涉及数据的存储，一般我们都会将系统信息保存在某个指定的关系数据库中。我们会将数据按业务分类，并设计相应的表，然后将对应的信息保存到相应的表中。比如我们做一个业务系统，要保存员工基本信息：工号、姓名、性别、出生日期等等；我们就会建立一个对应的 staff 表。

但不是系统中所有的信息都可以这样简单地用一个表中的字段就能对应。

1. 地位

半结构化数据 (semi-structured data) 模型在数据库系统中有着独特的地位：

（1）它是一种适于数据库集成的数据模型，也就是说，适于描述包含在两个或多个数据库（这些数据库含有不同模式的相似数据）中的数据。

（2）它是一种标记服务的基础模型，用于 Web 上共享信息。

2. 必要性

E/R、UML、关系模型、ODL，每个都是以模式开始。模式是一种放置数据的严格框架。这种严格性提供了某些优点。特别的，关系模型的成功在于它的高效实现。这种高效性来自关系数据库中的数据必须符合其模式并且该模式为查询处理器所知这一事实。

此外，对半结构化数据模型感兴趣的动机主要是它的灵活性。特别的，半结构化数据是"无模式"的。更准确地说，其数据是自描述的。它携带了关于其模式的信息，并且这样的模式可以随时间在单一数据库内任意改变。

人们可能很自然地想知道无模式地创建数据库是否存在优点，在这样的数据库中，可以随意地输入数据，并且访问该数据时用户感觉到的模式信息就是适合它的模式。实际上有一些小规模的信息系统，如 Lotos Notes，它们就采用了自描述数据的方法。这种灵活性可能使查询处理更加困难，但它给用户提供了显著地优势。例如，可以在半结构化模型中维护一个电影数据库，并且能如用户所愿地添加类似"我喜欢看此部电影吗？"这样的新属性。这些属性不需要所有电影都有值，或者甚至不需要多于一个电影有值。同样地，可以添加类似"homage to"这样的联系而不需要改变模式，或者甚至表示不止一对的电影间的联系。

（二）数据类型

1. 结构化数据

就像上面举的例子。这种类别的数据最好处理，只要简单地建立一个对应的表就可以了。

2. 非结构化数据

像图片、声音、视频等等，这类信息我们通常无法直接知道它的内容，数据库也只能将它保存在一个 BLOB 字段中，对以后检索非常麻烦。一般的做法是，建立一个包含三个字段的表 [编号 number、内容描述 varchar(1024)、内容 blob]。引用通过编号，检索通过内容描述。还有很多非结构化数据的处理工具，市面上常见的内容管理器就是其中的一种。

3. 半结构化数据

这样的数据和上面的两种类别都不一样，它是结构化的数据，但是结构变化很大。因为我们要了解数据的细节所以不能将数据简单的组织成一个文件按照非结构化数据处理，由于结构变化很大也不能够简单的建立一个表和他对应。本节主要讨论针对半结构化数据存储常用的两种方式。

先举一个半结构化的数据的例子，比如存储员工的简历。不像员工基本信息那样一致每个员工的简历大不相同。有的员工的简历很简单，如只包括教育情况；有的员工的简历却很复杂，如包括工作情况、婚姻情况、出入境情况、户口迁移情况、党籍情况、技术技能等等。此外，还可能有一些我们没有预料的信息。通常我们要完整的保存这些信息并不是很容易的，因为我们不会希望系统中的表的结构在系统的运行期间进行变更。

（三）存储方式

1.化解为结构化数据

这种方法通常是对现有的简历中的信息进行粗略的统计整理，总结出简历中信息所有的类别同时考虑系统真正关心的信息。对每一类别建立一个子表，如上例中我们可以建立教育情况子表、工作情况子表、党籍情况子表等等，并在主表中加入一个备注字段，将其他系统不关心的信息和一开始没有考虑到的信息保存在备注中。

优点：查询统计比较方便。

缺点：不能适应数据的扩展，不能对扩展的信息进行检索，对项目设计阶段没有考虑到的同时又使系统关心的信息的存储不能很好地处理。

2.用 XML 格式来组织并保存到 CLOB 字段中

XML 可能是最适合存储半结构化的数据了，将不同类别的信息保存在 XML 的不同节点中就可以了。

优点：能够灵活地进行扩展，信息进行扩展式只要更改对应的 DTD 或者 XSD 就可以了。

缺点：查询效率比较低，要借助 XPATH 来完成查询统计，随着数据库对 XML 的支持的提升性能问题有望很好的解决。

（四）特征

半结构化数据中结构模式附着或相融与数据本身，数据自身就描述了其相应结构模式。具体来说，半结构化数据具有下述特征：

（1）数据结构自描述性。结构与数据相交融，在研究和应用中不需要区分"元数据"和"一般数据"（两者合二为一）。

（2）数据结构描述的复杂性。结构难以纳入现有的各种描述框架，实际应用中不易进行清晰的理解与把握。

（3）数据结构描述的动态性。数据变化通常会导致结构模式变化，整体上具有动态得结构模式。

常规的数据模型例如 E-R 模型、关系模型和对象模型恰恰与上述特点相反，因此可以成为结构化数据模型。而相对于结构化数据，半结构化数据的构成更为复杂和不确定，从而也具有更高的灵活性，能够适应更为广泛的应用需求。

（五）表示

半结构化数据的数据库是节点的集合，每个节点都是一个叶子节点或者一个内部节点。叶子节点与数据相关，数据的类型可以是任意原子类型，如数字和字符串。每个内部节点至少有一条外向的弧。每条弧都有一个标签，该标签指明弧开始处的节点与弧末端的节点之间的关系。一个名为根的内部节点没有进入的弧，它代表整个数据库。每个节点都从根可达，尽管这个图结构未必是一棵树。

半结构化数据通常是由一个由节点集合和弧段集合组成的有根有向图结构。有向图中节点集合元素分为三类：

（1）叶结点。此类节点没有由其出发的弧段，其语义表示与实际数据相关，相应数据取值类型可以是任意原子类型（数值型或字符串型）。

（2）内部节点。此类节点既有由其出发又有由其终止的弧段。

（3）根节点。此节点唯一，其特征是只作为一个或多个弧段的始点，其语义是整个数据文件。

（六）模型

半结构化数据模型允许那些相同类型的数据项有不同的属性集的数据规格说明。这和早先提到的数据模型形成了对比：那些数据模型中某种特定类型的所有数据必须有相同的属性集。

对象交换模型是一个半结构化数据模型。对象由一个三元组表示，包括标记、类型和对象的值。在对象交换模型中，对象具有唯一的标识。由于模型中对象的标识可以看作关系模型中的属性名，对象的类型可以看作关系模型中的属性类型，所以对象交换模型基本上是自描述的。对象交换模型中的标记尽可能的详尽，因为标记除了能够表达对象的含义外，还可以用来确定特定的对象。

四、如何分布式存储校内数据

分布式存储（Distributed storage）是一种数据存储技术，通过网络使用企业中的每台机器上的磁盘空间，并将这些分散的存储资源构成一个虚拟的存储设备，数据分散的存储在企业的各个角落。

（一）分布式存储系统

分布式存储系统，是将数据分散存储在多台独立的设备上。传统的网络存储系统采用集中的存储服务器存放所有数据，存储服务器成为系统性能的瓶颈，也是可靠性和安全性的焦点，不能满足大规模存储应用的需要。分布式网络存储系统采用可扩展的系统结构，利用多台存储服务器分担存储负荷，利用位置服务器定位存储信息，它不但提高了系统的可靠性、可用性和存取效率，还易于扩展。

（二）关键技术

1. 元数据管理

在大数据环境下，元数据的体量也非常大，元数据的存取性能是整个分布式文件系统性能的关键。常见的元数据管理可以分为集中式和分布式元数据管理架构。集中式元数据管理架构采用单一的元数据服务器，实现简单，但是存在单点故障等问题。分布式元数据管理架构则将元数据分散在多个结点上，进而解决了元数据服务器的性能瓶颈等问题，并提高了元数据管理架构的可扩展性，但实现较为复杂，并引入了元数据一致性的问题。另外，还有一种无元数据服务器的分布式架构，通过在线算法组织数据，不需要专用的元数据服务器。但是该架构对数据一致性的保障很困难，实现较为复杂。文件目录遍历操作效率低下，并且缺乏文件系统全局监控管理功能。

2. 系统弹性扩展技术

在大数据环境下，数据规模和复杂度的增加往往非常迅速，对系统的扩展性能要求较高。实现存储系统的高可扩展性首先要解决两个方面的重要问题，包含元数据的分配和数据的透明迁移。元数据的分配主要通过静态子树划分技术实现，后者则侧重数据迁移算法的优化。此外，大数据存储体系规模庞大，结点失效率高，因此还需要完成一定的自适应管理功能。系统必须能够根据数据量和计算的工作量估算所需要的结点个数，并动态地将数据在结点间迁移，以实现负载均衡；同时，结点失效时，数据必须可以通过副本等机制进行恢复，不能对上层应用产生影响。

3. 存储层级内的优化技术

构建存储系统时，需要基于成本和性能来考虑，因此存储系统通常采用多层不同性价比的存储器件组成存储层次结构。大数据的规模大，因此构建高效合理的存储层次结构，可以在保证系统性能的前提下，降低系统能耗和构建成本，利用数据访问局部性原理，可以从两个方面对存储层次结构进行优化。从提高性能的角度来说，可以通过分析应用特征，识别热点数据并对其进行缓存或预取，通过高效的缓存预取算法和合理的缓存容量配比，以提高访问性能。从降低成本的角度来说，采用信息生命周期管理方法，将访问频率低的冷数据迁移到低速廉价存储设备上，可以在小幅牺牲系统整体性能的基础上，大幅降低系统的构建成本和能耗。

4. 针对应用和负载的存储优化技术

传统数据存储模型需要支持尽可能多的应用，因此需要具备较好的通用性。大数据具有大规模、高动态及快速处理等特性，通用的数据存储模型通常并不是最能提高应用性能的模型．而大数据存储系统对上层应用性能的关注远远超过对通用性的追求。针对应用和负载来优化存储，就是将数据存储与应用耦合。简化或扩展分布式文件系统的功能，根据特定应用、特定负载、特定的计算模型对文件系统进行定制和深度优化，使应用达到最佳性能。这类优化技术在谷歌、Facebook 等互联网公司的内部存储系统上，管理超过千万亿字节级别的大数据，能够达到非常高的性能。

（三）考虑因素

1.一致性

分布式存储系统需要使用多台服务器共同存储数据，而随着服务器数量的增加，服务器出现故障的概率也在不断增加。为了保证在有服务器出现故障的情况下系统仍然可用，一般做法是把一个数据分成多份存储在不同的服务器中。但是由于故障和并行存储等情况的存在，同一个数据的多个副本之间可能存在不一致的情况。这里称保证多个副本的数据完全一致的性质为一致性。

2.可用性

分布式存储系统需要多台服务器同时工作。当服务器数量增多时，其中的一些服务器出现故障是在所难免的。我们希望这样的情况不会对整个系统造成太大的影响。在系统中的一部分节点出现故障之后，系统的整体不影响客服端的读/写请求称为可用性。

3.分区容错性

分布式存储系统中的多台服务器通过网络进行连接。但是我们无法保证网络是一直通畅的，分布式系统需要具有一定的容错性来处理网络故障带来的问题。一个令人满意的情况是，当一个网络因为故障而分解为多个部分的时候，分布式存储系统仍然能够工作。

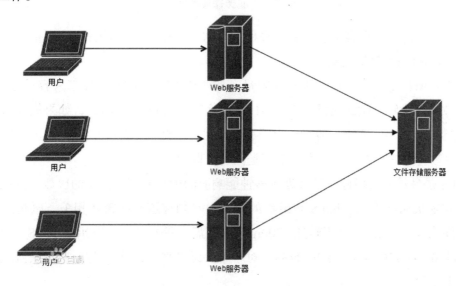

图 6-6　分布式存储系统

（四）分布存储

通过分布式文件系统把各台计算机上的直接存储整合成一个大的存储，对参与存储的每台计算机来说，既有直接存储部分，也有外部存储部分，所以说分布式存储融合了前面两种存储方案。由于需要采用分布式文件系统来整合分散于各台计算机上的直接存储，使之成为单一的名字空间，所以所涉及的技术、概念和架构非常复杂，还要消耗额外的计算资源。

服务器存储局域网（Server SAN）逐渐被数据中心采用，而且发展很快，Ceph 分布式存储系统就属于 Server SAN，被很多云中心采用。目前的软件定义存储（SDS）概念就是分布式存储。分布式存储的示意图如下图所示。

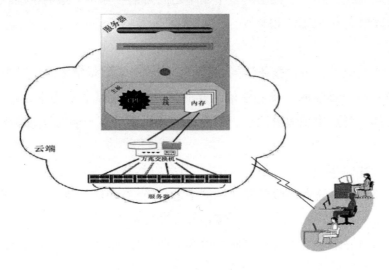

图 6-7　服务器局域网

存储的评价指标有容量、速度、每秒读写次数（IOPS）、可用性。"容量"比较容易理解，就是能存储的数据总量。

在实际项目中，我们更在乎有效容量，如四块 1TB 的硬盘，加起来容量是 4TB，但是如果这四块硬盘做成镜像（RAID-1），那么有效容量就是 2TB；如果做成 RAID-5，有效容量就又不一样了。容量要求很容易满足，一般采用横向扩容即可。"速度"指标是指每秒传输的数据量，速度与带宽是同一个概念。

IOPS 是最重要的指标，定义为每秒钟能响应的读（或写）操作的次数，体现的是并发性和随机访问能力。IOPS 与磁盘的转速、平均寻道时间密切相关，磁盘的平均寻道时间为 4 ~ 12ms，对于转速 7200rpm 的磁盘，我们可以计算出其 IOPS 近似值：$1000 \div [1000 \div (7200 \div 60) \div 2+8]=83$。对于单块磁盘来说，"读 / 写"磁盘从微观层面上看是串行的。

比如 100 个人同时访问磁盘，磁盘是一个一个地响应用户的请求，但在宏观上又表现为并行性，即 100 个人在一秒钟内同时访问到了磁盘，给人一种并行的错觉。提高 IOPS 的方法有很多，如采用更好的硬盘（如固态盘），或者增加磁盘的数目并让访问分散到各个硬盘，也可以采用更多的缓存（Cache），从而让经常访问的内容驻留在缓存中。

（五）数据分布式存储

数据分布式存储 GaussDB(DWS) 采用水平分表的方式，将业务数据表的元组打散存储到各个节点内。这样带来的好处在于，查询中通过查询条件过滤不必要的数据，快速定位到数据存储位置，可极大提升数据库性能。水平分表方式将一个数据表内的数据，按合适分布策略分散存储在多个节点内。

分布式环境的数据布局：点内部数据进一步通过分区规则进行细分，数据分布式存储、数据分区、数据并行导入。

edis-server 进程。一个 Redis 集群由若干条带组成，每个条带负责若干个 slot(槽)，数据分布式存储在 slot 中。Redis 集群通过条带化分区，实现超大容量存储以及并发连接数提升。

随着数据量的增大，单机的最大容量已经不能满足庞大的数据存储需求，因此寻求分布式存储作为解决方案，分布式存储通过组合很多服务器，形成一个系统对外提供服务。由于引入大量的服务器，那么分布式系统出现故障的概率就大大增加了，在分布式系统中机器宕机故障已经不是一种少见的行为，而是一种必须要考虑进去的常见错误。分布式系统能够通过在软件层面处理这种硬件故障带来的系统错误，也就是常说的容错能力。通过系统的高容错能力给我们带来数据的高可靠和服务的高可用。

单机故障在庞大的分布式系统中是一种常见的故障，那么需要将数据进行一定策略的分布，来防止单机故障引入的数据丢失风险。

高可用要求我们在即使有节点出现故障的时候也能提供服务，那么如果数据只是单纯放在一个节点，节点挂了也就无法提供服务了，同时如果数据分布不够好，也会对造成系统访问热点，影响可用性。因此，数据分布的重要性不言而喻。

参考文献

[1] 邬适融. 现代企业管理：理念、方法、技术：第 2 版 [M]. 北京：清华大学出版社，2008.

[2] 戴新华. 机房布线形式的思考 [J]. 中国金融电脑，2010，12(12)：61-62.

[3] 孙国量. 浅谈计算机机房布线与防雷 [J]. 内蒙古气象，2009，2(1)：47-48.

[4] 黄鸽. 浅谈网络机房的布线要点 [J]. 科教创新，2010，1(1)：156.

[5] 张威. 中国行业信息化发展策略 [J]. 计算机与网络，2008，34(7).

[6] 雷斌. 校园网网络系统工程设计 [D]. 湖南大学，2008.

[7] 王乙人. 琼州学院校园网络建设方案设计及实现 [D]. 电子科技大学，2010.

[8] 梁军，毛振寰. 计算机网络与信息安全 [M]. 北京：北京邮电大学出版社，2005.

[9] 吕少平等. 构建中职数字化校园规划与标准 [J]. 中国教育信息化·高教职教，2009(17).

[10] 廖常武，汪刚. 校园网组建 [M]. 北京：清华大学出版社，2005.

[11] 姚辉. 云数据中心安全管理平台设计及实现 [D]. 中国科学院大学（工程管理与信息技术学院），2016.

[12] 陈娟. 基于 RFID 技术的移动校园一卡通业务应用的研究 [D]. 南京邮电大学，2012.

[13] 陈相屹. 城市突发公共事件应急联动系统的设计与实现 [D]. 上海交通大学，2009.

[14] 敖四江. 高校低碳校园建设研究 [D]. 江西农业大学，2011.

[15] 贺鑫焱. 支持综合集成的信息集成平台研究及应用 [D]. 西安理工大学，2008.

[16] 姚坤. 高校校园网建设方案的设计与研究 [D]. 北方民族大学，2013.

[17] 郝兴伟，计算机网络技术及应用 [M]. 北京：高等教育出版社，2005.

[18] 李海龙，沈贤方，周婕，局域网工程从入门到精通 [M]. 北京：电子工业出版社，2008.

[19]Ron Price.*Fundamentals Of Wireless Networking*[M]. 北京：清华大学出版社，2008.

[20] 麻信洛. 无线局域网构建及应用（第 2 版)[M]. 北京：国防工业出版社，2009.

[21] 刘化君 . 网络综合布线 [M]. 北京 : 电子工业出版社，2006.

[22] 刘晓辉 . 网络综合布线应用指南 [M]. 北京 : 人民邮电出版社，2009.

[23] 王群 . 诸顺华，王琳琳，周进编著，局域网一点通——TCP/IP 管理及网络互联 [M]. 北京 : 人民邮电出版社 , 2004.

[24]Andrew S.*Tanenbaum, Computer Networks*[M]. 北京 : 清华大学出版社，2008.

[25] 符水波 . 校园网系统维护与故障诊断 [M]. 北京 : 清华大学出版社，2007.

[26] 符彦惟 . 计算机网络安全实用技术 [M]. 北京 : 清华大学出版社，2008.

[27] 黄河 . 计算机网络安全——协议、技术与应用 [M]. 北京 : 清华大学出版社，2008.